Hermann Holzhauser

Federleicht

Modelle aus Vogelfedern

Für Hanno Fischer

in Erinnerung an einen
tollen Nachmittag –
Danke für den Besuch und
bis bald!

Herzlichst Michael

NV NECKAR-VERLAG VILLINGEN-SCHWENNINGEN

Zeichnungen: Gerd Hübner
　　　　　　　Hermann Holzhauser (1)

ISBN 3-7883-1630-6

© 1991 by Neckar-Verlag GmbH, Klosterring 1, 78050 Villingen-Schwenningen
2., überarbeitete Auflage 1997
Alle Rechte, besonders das Übersetzungsrecht, vorbehalten. Nachdruck oder Vervielfältigung von Text und Bildern, auch auszugsweise, nur mit ausdrücklicher Genehmigung des Verlages. Printed in Germany by Schwarzwälder Druckhaus, 78727 Oberndorf.

Inhalt

Zur Erinnerung 5

Werkzeuge 7
    Hinweise zur Selbstanfertigung von Werkzeugen 9

Werkstoffe 10

Spezielle Werkstoff-Hinweise 12
    Grashalme 12
    Taubenfedern 13

Bearbeitung der Federn 16

Verbindungs-Technik 18
    Feste Verbindungen 18
    Lösbare Verbindungen 20

Allgemeines 31
    Schwerpunkt – der gewichtliche Mittelpunkt und Drehpunkt des Flugmodells 31
    Einstellwinkel – die Einstellung von Tragflügel und Höhenleitwerk 33
    Stabilitäten 33
    Faustregeln für Einstellwinkel, V-Form und Pfeilung 35

Kapitel 1   Modellaufbau 36
    A Rumpf 36
        Zusammenbau der Rümpfe 68
    B Propeller 70
        Zusammenbau der Propeller 73
    C Gummimotor 74
    D Fahrwerk 76
        Zusammenbau der Fahrwerke 79

Kapitel 2   Tragwerk 80
    Allgemeines 80
    Federarten und Federformen 80
    Federprofile 82
    Profilbezeichnungen 84
    Kombi-Flügel 85
    Trimmruder 86
    Feder-Verbindungen 86

Der mehrteilige Tragflügel	89
Helling für den Zusammenbau	90

Kapitel 3 Fliegen ... 91

Trimm-ABC	91
Beispiele für einfache Konstruktionen	91
Startarten – Kunstflüge	96
Starten von Gleitern und Seglern	97
Starten von Motorflugobjekten	97
Entenformen und Nurflügel mit Schubmotor	97

Flugzeugschlepp ... 98

Konstruktions-Merkmale für Schlepper	98
Konstruktions-Merkmale für Schlepp-Segler	100
Flugstabilität	102
Schlepp-Seile	102
Anfertigung von Schleppseilen	102
Probleme beim Schleppflug	103

Schlußpunkt ... 104

Abkürzungen ... 104

Zur Erinnerung

1891–1991, 100 Jahre Menschenflug!
Otto Lilienthal erforschte den Vogelflug und flog vor 100 Jahren als erster Mensch. Somit legte er den Grundstein für alles weitere.

Daß Vögel fliegen können, ist allgemein bekannt. In diesem Buch wird beschrieben, wie man aus den von der Natur so großartig konstruierten Bauteilen der Vögel, den Federn, robuste, lustige Flugobjekte anfertigen kann. „Wo laufen denn jetzt all die nackten Tauben herum?" – so und ähnlich lauten die Fragen der Zuschauer, wenn irgendwo mein „original mittelfränkisches Stubenflieger-Geschwader" sein Raumflugprogramm zeigt. Natürlich ist es keinesfalls nötig, Vögel zu rupfen, denn während der Mauser werfen sie ihre Altfedern ganz freiwillig ab. Es werden also keine Vögel „abmontiert", um Flugobjekte zu bauen; im Gegenteil, die Wegwerf-Federn werden wieder, wenn auch auf andere Art, zum Fliegen gebracht. Noch eine oft gestellte Frage: „Haben Sie einen Taubenschlag zu Hause?" Tauben habe ich keine, doch ein kleiner Vogel ist sicher mit im Spiel, wenn man in nur fünf Jahren über 250 „befederte" Flugobjekte konstruiert und fliegen läßt.

Die „Federleichten" sind eine besondere Klasse von Miniatur-Flugobjekten für Zimmer und Saal, können jedoch bei Windstille auch im Freien fliegen. Sie eignen sich für den Anfänger, der sich hier mit einfachsten Mitteln, Grundwissen und Geduld vorausgesetzt, schnell – und praktisch ohne Bruchrisiko – mit den aerodynamischen Gesetzen vertraut machen kann. Dem Könner und Spezialisten jedoch bieten sie sehr große Möglichkeiten zum Gestalten und Experimentieren. Er kann seine Phantasie dabei voll entfalten, kurzfristig die kühnsten Konstruktionen verwirklichen und im Fluge erproben. Die Typenvielfalt ist schier unbegrenzt.

Eigentlich ist es ja naheliegend, für kleine Flugobjekte das Material zu nehmen, aus dem die Vögel sind. Man stelle sich einmal eine Taube mit Flügeln aus Styropor oder Balsaholz vor, sie hätte kein langes Leben, doch Flugobjekte aus Taubenfedern sind durch Fliegen nicht kaputtzukriegen.

Sturmerprobte Naturbauteile sind auch alle Grashalme, welche für die Rümpfe verwendet werden.

Aus dem Wenigen, Federn und Grashalmen, viel zu gestalten, ist reizvoll und fördert die Kreativität. Um das optimale Flugverhalten der vielen möglichen Typen zu erreichen, sind viele Punkte zu beachten. Schwerpunkt, Einstellwinkel, Stabilität um die verschiedenen Achsen, Roll-, Kipp- und Giermomente usw. müssen harmonisch in Einklang gebracht werden. Das Spiel mit all diesen Voraussetzungen ist äußerst lehrreich.

„Wie sind Sie denn auf die Idee gekommen, aus Federn Fluggeräte zu bauen?", eine immer wiederkehrende Frage.

Hier die Antwort:

1941, vor 50 Jahren, erlernte ich das Segelfliegen. Als ich 60 Jahre alt wurde, kam mir der Gedanke, meine Erinnerungen an die vergangene schöne Segelfliegerzeit niederzuschreiben und in dem alle zwei Monate erscheinenden Nachrichtenheft meines Vereins, des AERO-CLUB Nürnberg, zu veröffentlichen. Der vorgesehenen Serie gab ich den Titel „Es begann mit Taubenfedern", denn ich erinnerte mich daran, daß ich mit etwa zehn Jahren kleine Gleitflugmodelle aus Taubenfedern angefertigt hatte.

Die Idee ist also 55 Jahre alt!

Ich steckte damals einfach zwei gleich große Schwungfedern, Federn vom Taubenflügel, zu einem Tragflügel zusammen, durchbohrte den Federkiel waagrecht in der Mitte und schob von hinten eine Tauben-Schwanzfeder hindurch. Zwei Drittel der Schwanzfeder dienten als Höhenleitwerk, das hintere Drittel wurde so verdreht, daß es senkrecht stand und als Seitenleitwerk wirken konnte. Die Trimmung erfolgte dadurch, daß in jenen Teil des Schwanzfederkiels, welcher vor dem Tragflügel herausragte, Stecknadeln oder ein kleiner Nagel als Trimmgewichte eingeschoben wurden.

Damals, 1936, wohnte ich in einem Hinterhaus der Fürther Altstadt. Bei windigem Wetter bildeten sich in den vielen Häuserwinkeln des Hofes oft nach oben gerichtete Wirbel, welche meine federleichten Gleiter emporhoben. Sie entschwebten dann manchmal in ein offenstehendes Nachbarfenster oder über die roten Ziegeldächer hinweg auf Nimmerwiedersehen. Diese Erlebnisse faszinierten mich offenbar so sehr, daß ich einige Jahre später Segelflieger wurde und von dieser Leidenschaft bis heute nicht lassen kann. Doch mit 65 Jahren bin ich als Segelflieger leider schon ein „Auslaufmodell".

Um im ersten Artikel meiner Erinnerungs-Serie genau schildern zu können, wie so ein Modell flog, suchte ich mir die dazu nötigen Federn zusammen. Dank meinem heutigen Wissen wurde der Oldtimer-Nachbau natürlich viel besser als die früheren, recht einfachen Originale. Das Modell flog so sanft und butterweich, daß ich sofort wieder begeistert war wie ehedem. Als ich ein halbes Dutzend Segler aller Art zusammengeklebt hatte, machte ich meinen ersten Versuch mit einem zusätzlichen Gummimotor.

Es dauerte einige Zeit, bis ich die Sache im Griff hatte, doch als das erste, einfache Taubenfedern-Gummimotor-Flugmodell in einwandfreien Kreisen durch das Wohnzimmer schwirrte, gab's kein Halten mehr. Nun schließt sich der Kreis, jetzt „spiele" ich wieder mit Vogelfedern.

Die Parole beim Konstruieren und Bauen sollte immer lauten: Genauigkeit vor Geschwindigkeit, der einwandfreien Funktion zuliebe!

In diesem Sinne viel Spaß und Erfolg unter dem Motto: ..., daß die Federn fliegen!

Werkzeuge

Tabelle 1: Werkzeuge von A–Z

Bezeichnung	Verwendung	Bezugsquellen
Aufzieh-Vorrichtung	Verdrillen des Gummimotors Übersetzung 1:25 bis 1:50	Hersteller unbekannt Eigenbau
Blechschere	Alublech zuschneiden	Werkzeug-Fachhandel
Bohrdorne, 0,2–1,5 mm	Propeller-Lager, Dübel-Löcher	selbst anfertigen
Flachfeile, ca. 9 mm × 2,5 mm	Propeller-Lager, Stahldraht anspitzen usw.	Werkzeug-Fachhandel
Flachzange, 140 mm	Zum Halten und Biegen div. Teile	Werkzeug-Fachhandel
Gummischneidmaschine	Zum Zuschneiden der handelsüblichen Gummibänder auf jede gewünschte Breite	Ray Harlan 15. Happy Hollow Rd. Wayland, MA 01778/USA (Preis ca. 104 US-Dollar)
Hammer, klein	Alublechstreifen geradeklopfen, Stahldorn einschlagen	Werkzeug-Fachhandel
Locheisen, ca. 10, 14, 20 mm	Radscheiben	Werkzeug-Fachhandel
Metall-Laubsäge Metall-Säge	Alublech, 1 mm, zuschneiden	Werkzeug-Fachhandel
Messerfeilen, 100 mm	Ablängen von Grashalmen, Schilfrohr, Federkielen	Werkzeug-Fachhandel
Meterstab, 1 m	für alle Meßarbeiten	Werkzeug-Fachhandel

Bezeichnung	Verwendung	Bezugsquellen
Nadelfeilen, 100 mm lang	für diverse Arbeiten	Werkzeug-Fachhandel
Rosenkranzzange, 140 mm (Rundzange mit sehr schlanken Schenkeln, Stärke 1,5–5 mm)	Propeller-Lager, Endhaken, Propeller-Achsen-Öse usw.	Werkzeug-Fachhandel
Rundfeile, ⌀ ca. 3 mm	für diverse Arbeiten	Werkzeug-Fachhandel
Rundzange, 140 mm	für diverse Arbeiten	Werkzeug-Fachhandel
Pinzette	für diverse Feinarbeiten	Werkzeug-Fachhandel
Sandpapier Körnungen 60, 80, 100, 120	Schleifen und Anrauhen von Grashalmen und Federkielen	Werkzeug-Fachhandel
Sandpapier-Feilen	wie vor	selbst anfertigen
Schere, ca. 175 mm, *scharf*	Federn, Federkiele, Papier	Fachgeschäft
Schmirgelpapier Körnungen 100, 150	Alublech und Stahldraht schleifen	Werkzeug-Fachhandel
Seitenschneider, 150 mm	Stahldraht ablängen	Werkzeug-Fachhandel
Skalpell (scharfes Messer)	diverse Arbeiten	Werkzeug-Fachhandel
Stahldorn	Propeller-Lager	Werkzeug-Fachhandel
Winkel, Plexi, ca. 210 × 120 mm	Meßarbeiten	Zeichenbedarf

Hinweise zur Selbstanfertigung von Werkzeugen

Bohrdorne:

Stahldrähte, Nadeln oder Nägel in den Stärken von ca. 0,2–1,5 mm werden auf einer Seite mit der Flachfeile und feinem Schmirgelpapier dreikantig angeschliffen. Die andere Seite des Materials biegt man um. Als Griff dient entweder ein Stückchen Rundholz oder Kartonteile. In das Rundholz macht man einen Schlitz, in welchen die umgebogene Seite gesteckt und mit Hartkleber fixiert wird. Man kann den Bohrdorn aber auch zwischen zwei Kartonscheiben mit Kontaktkleber befestigen. Damit alles richtig hält, schlägt man mit dem Hammer auf die Klebestelle.

Sand- oder Schmirgelpapierfeilen:

Auf flache Holzleisten, ca. 30 mm × 5 mm, etwa 150 mm lang, und Holzrundstäbe, ca. 12 mm ⌀, klebt man mit Kontaktkleber ringsum Sandpapier oder Schmirgelpapier verschiedener Körnung auf.

Werkstoffe

Tabelle 2: Werkstoffe von A–Z

Bezeichnung	Verwendung	Bezugsquellen
Alublech, 0,3 mm	Trimmschieber, Propeller-U-Scheibe	z. B. Konservenbüchse
Alublech, 1 mm, weich	Propeller-Lager, Endhaken	Altmetall oder Flugmodell-Fachgeschäft
Alublech, 1 mm, hart	Montagekreuz, Montagespinne	dto.
Alurohr, innen 3 mm ⌀ Wandung 0,5 mm stark	Steckbüchsen	Flugmodell-Fachgeschäft
Balsaholz, hart, 1–2 mm	Radscheiben	Abfall oder Flugmodell-Fachgeschäft
Gänsefederkiel	Gummidurchlaß	Landwirtschaft
Glasperlen, klein	„Kugel"-Lager für Propeller	Bastler-Zubehör, Handarbeitsgeschäfte
Grashalme	Rümpfe, Propeller-Feststeller, Trimmschieber, Schiebebüchsen, Stoßpuffer, Gleitlager usw.	Natur: feuchte Stellen, Gräben, Waldlichtungen
Gummibänder, 1 × 1 mm, 4 × 1 mm, 6 × 1 mm	Gummimotor, Stoßpuffer	Flugmodell-Fachgeschäft; Graupner, Kirchheim/Teck
Gummikleber	Stoßpuffer	PATTEX o. ä.
Hartkleber	Leim-Muffen für alle Verbindungsarten	UHU hart o. ä.
Papier	Schiebehülsen	Schreibmaschinen-Papier

Bezeichnung	Verwendung	Bezugsquellen
Perlonfaden, 0,15 mm, 0,30 mm	Schiebehülsen, Gummimotor	Dekorations-Geschäfte
Schaumgummi	Radscheiben	Abfall, Verpackungsmaterial
Schilfrohr	Gummidurchlaß, Schiebebüchsen, Trimmschieber	Natur: Ufer, feuchte Stellen
Stahldraht, 0,3 mm, 0,4 mm	Propellerachse, Radachse, Endhaken, Schleppkupplung	Modellbau-Fachgeschäft
Styropor	Radscheiben	Abfall, Verpackungsmaterial
Taubenfedern	Tragflügel, Leitwerke, Trimmruder usw.	Bauern, Brieftaubenzüchter
Taubenfederkiele	Schiebebüchsen, Trimmschieber, Leitwerksträger, Gummidurchlaß, Schleppkupplung	Bauern, Brieftaubenzüchter
Teflon	kleine U-Scheiben zwischen Propeller und Glasperle	Beziehungen oder Alublech nehmen
Tesakrepp	Verstärkungshalme fixieren	Baumarkt usw.

Man kann natürlich auch ähnliches, passendes und verfügbares Material verwenden.

Spezielle Werkstoff-Hinweise

Grashalme

Die rohrartig geformten Samenträger von bestimmten Gräsern sind ein ideales Baumaterial für Rümpfe. Die verschiedenen Arten haben zwar alle einen Namen, z. B. Drahtschmiele oder Pfeifenputzergras usw., doch diese Erkenntnis nützt wenig, wenn nicht bekannt ist, wo diese Gräser wachsen. Man geht daher beim Grashalm-Sammeln am besten so vor, daß man zur passenden Zeit am rechten Ort sucht und prüft, ob das Material geeignet ist. Brauchbare Gräser müssen einen gewissen Durchmesser und eine solide Wandstärke haben sowie möglichst geraden Wuchs und genügend Abstand zwischen den einzelnen Knoten aufweisen. Bevorzugte Standorte sind feuchte Geländestellen, Gräben und Waldlichtungen. Je trockener der Platz, um so dünner die Halme. In Frage kommt nur gelbes, an der Pflanze ausgereiftes Material. Die beste „Erntezeit" ist von etwa Mitte Juli bis Mitte Oktober. Grüne oder halbgrüne Halme sind ungeeignet. Da sie noch zu feucht sind, schrumpfen und verformen sie sich beim späteren Trocknen. Macht man sich zur rechten Zeit, zu Fuß oder mit dem Fahrrad, auf die Suche, dann wird man am ehesten fündig. Wenn ich unterwegs bin, habe ich auf dem Gepäckständer meines Fahrrades immer eine Kartonröhre dabei. In die nach hinten offene Seite stecke ich die gesammelten Halme und verklemme sie mit einem Tuch oder weichem Papierpolster, damit sie nicht herausrutschen. Nach guter Ernte sieht dann mein Stahlroß bei der Heimfahrt aus, als hätte es einen Pferdeschweif. Zu Hause werden die Halme geputzt und sortiert. Es ist ratsam, sie vor Verarbeitung noch einige Tage nachtrocknen zu lassen.

Ablängen der Halme

Mit einer scharfkantigen Feile kerbt man den Grashalm ringsum vorsichtig ein, bis er sich leicht abbrechen läßt. Die Bruchstelle glättet man mit einer Sandpapierfeile feiner Körnung. Will man ganz kurze Grashalmbüchsen ablängen, z. B. ca. 4 mm lange Endstücke für Propellerfeststeller, dann geht man so vor: Man steckt durch das benötigte Material einen gut hineinpassenden Grashalm, welcher beidseits ein Stück hervorschaut. Dann kerbt man ringsum ein, bis das gewünschte Stück sich ablösen läßt. Man hat so das Ganze besser in der Hand, und das kleine Teil kann nicht davonhüpfen.

Auch zum Glätten der Bruchstelle steckt man es wieder auf den dünneren, längeren Grashalm.

Verbindungen

A) Gerade Steckverbindung

Zwei im Innen- und Außendurchmesser gleiche Grashalme werden mit einem kurzen Grashalm-Dübel, welcher satt in die zu verbindenden Halme paßt, zusammengesteckt. Zunächst werden beide Verbindungsstellen leicht abgeschrägt, auf einige Millimeter Breite mit feinem Sandpapier etwas angerauht und mit einer umlaufenden Hartklebermuffe verstärkt, damit sie beim späteren Einschieben des Dübels nicht aufplatzen können. Wenn die Muffen trocken sind, gibt man etwas Kleber in die Halme und verbindet sie, indem man den Dübel gleich tief in beide Seiten einsteckt. Zum Schluß wird die am Stoß beider Halme entstandene Nut rundum mit Hartkleber ausgefüllt. Bevor der Kleber trocknet, prüft man noch, ob die Richtung stimmt.

B) Parallel-Verbindung

Zwei über- oder nebeneinander liegende Grashalme sollen verbunden werden. Man heftet die Halme provisorisch mit schmalen Tesakreppstreifen in der richtigen Position zusammen und zeichnet die vorgesehenen Verbindungsstellen an. Dazu teilt man die gegebene Länge in gleiche Teile auf. Alle Kontaktstellen werden mit Sandpapier angerauht und mit einer kräftigen Hartklebermuffe ummantelt. Zusätzlich kann man noch zur Sicherheit an zwei Stellen dünne Federkieldübel durchstecken und verkleben.

Ausrichten von Grashalmen

Gebogene Halme kann man geraderichten. Man gibt etwas Wasser in einen Teekessel und bringt es zum Kochen. Über dem heißen Dampfstrahl, welcher der Öffnung entströmt, wird der krumme Halm gut angefeuchtet und anschließend auf der heißen, bauchigen Teekessel-Oberfläche „geradegebügelt". Dabei zieht man ihn langsam in Längsrichtung hin und her und rollt ihn gleichzeitig seitlich zwischen den Fingern.

Taubenfedern

Arten, Formen und Profile

Für Tragflügel, Leitwerke, Propeller usw. stehen drei Arten von Taubenfedern zur Verfügung: die Schwungfeder, die Deckfeder und die Schwanzfeder. Sie haben verschiedene Formen, Profile und Eigenschaften. Es gibt stark gewölbte, langsame Profile und flache, schnelle. Man kann die verschiedenen Federn und Profile auch vielfältig kombinieren.

Sammeln, Sortieren und Aufbewahren

Während der Hauptmauserzeit, in den Herbstmonaten, kann man auch in der Stadt, überall dort, wo Tauben nisten oder zusammenkommen, Federn finden. Man sollte jedoch früh unterwegs sein, bevor die Straßenkehrer kommen. Besser ist es, Kontakte zu Bauern oder Brieftaubenzüchtern zu knüpfen, denn dort gibt es gutes Material, direkt ab Lager. Wenn man eine gewisse Anzahl Federn beisammen hat, sortiert man sie. Am besten werden sie nach folgendem System geordnet:

1. *nach der Art:*   Schwung-, Deck- oder Schwanzfedern
2. *jede Art:*   nach Form und Größe
3. *Art, Form und Größe:* nach rechts und links.

Leere Konserven- oder Einmachgläser sind zum Vorsortieren gut geeignet. Eine Beschriftung, welche Form und Richtung der Federn angibt, erleichtert das Einordnen. Wenn einiger Federnvorrat vorhanden ist, dann kann man passende Federnpaare zusammenstellen. Dazu legt man alle vorrätigen Federn einer Art und Form, getrennt nach rechts und links, auf einem Tisch aus. Dann nimmt man z. B. eine rechte Feder und sucht bei den linken Federn die am besten dazu passende. Dabei sollte man nicht nur ihre Grundform prüfen, sondern auch ihre Schränkung. Die so gefundenen Federnpaare werden einfach und übersichtlich gelagert, damit sie zum Bauen leicht greifbar sind. Styropor-Reste, mind. 20 mm stark, sind hierzu gut geeignet. Mit Lineal und Filzschreiber zieht man auf dem Material gerade Linien im Abstand von etwa 30 mm. Entlang dieser Linien sticht man alle 10 mm Löcher in Federkielstärke ca. 15 mm tief ein, in welche dann die Federnpaare eingesteckt werden können.

Aufbau der Feder

Der „Hauptholm" der Feder ist der *Federkiel.* Beidseitig des Kiels geben die sogenannten *Federfahnen* der Feder ihre Form. Eine Federfahne wird durch viele dicht nebeneinanderliegende *Federäste* gebildet, welche untereinander mit Haken- und Bogenstrahlen klettverschlußartig verbunden sind. Ungefähr zwanzig Federäste ergeben einen Zentimeter Federfahne.

Federfahnen, Federäste einer Taubenfeder

Zwei nebeneinanderliegende Federäste einer Taubenfeder = ca. 1 mm

Aufbau des Federkiels

Der Federkiel, z. B. der Schwungfeder, besteht aus einem fast runden, hohlen Teil von ca. 3–3,5 mm Durchmesser, der sogenannten *Spule;* den kantigen Rest des Kiels nennt man *Schaft*. Dieser besteht aus einem flachrund gewölbten Obergurt und einem ziemlich ebenen Untergurt mit einer Nut in der Mitte. Der Zwischenraum von Ober- zu Untergurt ist mit einem styroporähnlichen Stützmaterial ausgefüllt. Die Kiele der Deck- und Schwanzfedern sind ähnlich aufgebaut.

Mit feinem Sandpapier angerauhte Federkiele lassen sich mit wasserfesten Filzschreibern farblich gestalten.

Der Federkiel der Schwungfeder ist eine großartige Konstruktion der Natur. Er ist leicht und je nach Belastungsrichtung entweder elastisch oder steif. Streift die Taube, z. B. mit dem Flügel, irgendwo an, also nach hinten, ist er weichelastisch, holt die Taube zum Flügelschlag aus, also nach oben, dann ist er hartelastisch, und wenn die Taube nach unten schlägt, bleibt er steif. Bei einem Versuch wird ein Federkiel von 190 mm Länge und ca. 3,3 mm Durchmesser an der Spule und einem Gewicht von 0,15 Gramm mit 15 Gramm, also dem 100fachen seines Eigengewichtes, belastet. Das Gewicht ist dabei auf 145 mm Länge angebracht und der Schaftquerschnitt beträgt an diesem Punkt 1,0 mm × 1,2 mm. Der Federkiel hält jeder Belastung in allen Richtungen problemlos stand, ohne dabei dauerhaft verformt zu werden. Er ist der ideale „Hauptholm" für federleichte Flugobjekte.

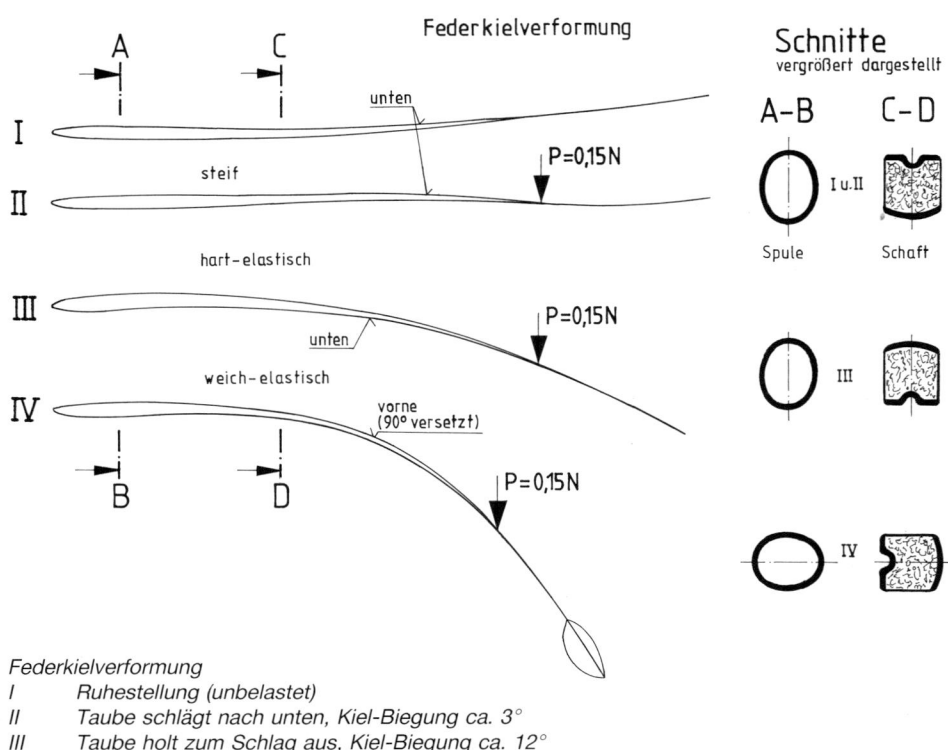

Federkielverformung
I Ruhestellung (unbelastet)
II Taube schlägt nach unten, Kiel-Biegung ca. 3°
III Taube holt zum Schlag aus, Kiel-Biegung ca. 12°
IV Taube streift an Hindernis, Kiel-Biegung ca. 26°

Bearbeitung der Federn

Federfahnen vom Kiel abreißen

Der Federkiel ist auf seiner flachrund gewölbten Seite mit den Federfahnen bündig, auf der Gegenseite ragt er darüber hinaus. Man nimmt den Kiel mit festem Griff so in die Hand, daß die bündige Seite sichtbar ist. Dann reißt man, von unten beginnend, ca. einen Zentimeter lange Stückchen Federfahne mit kräftigem Ruck nach hinten unten weg. Die den Kiel haltende Hand ist dabei immer über der Reißhand. Es ist ratsam, diesen Vorgang zunächst an unbrauchbaren Federn zu üben.

Federn zuschneiden

Grundsätzlich wird (mit scharfer Schere) vom dünnen Schaftende zur Spule, also von der Federspitze zum breiteren Teil hin, geschnitten. Es werden immer nur gerade Schnitte ausgeführt. Selbst Rundungen entstehen durch viele kurze gerade Schnitte. Auch hier ist es gut, an Ausschußmaterial zu üben.

Federn geraderichten

Der Federkiel (z. B. der Schwungfeder) ist in zwei Ebenen, nach hinten und nach unten, leicht gebogen. Nach oben kann die Feder geradegerichtet werden. Dazu nimmt man sie so in die Hand, daß die mit den Federfahnen bündige Seite des Federkieles sichtbar ist und drückt dort mit dem Daumennagel in Abständen von etwa 3–5 mm kleine Kerben in den Kiel, bis die Richtung stimmt. Verwendung findet so eine gerade Feder z. B. für den Rumpf eines Seglers.

Federn glätten

Wellige Federfahnen lassen sich glattbügeln. Man hält sie in den Dampfstrahl eines Wasserkessels und formt sie dann durch Ziehen über die Kesseloberfläche. Es besteht auch die Möglichkeit, eine Glasplatte durch Anhauchen leicht zu befeuchten und die Federfahnen durch Darüberziehen zu glätten.

Federfahnen verbinden

Der Vogel bringt sein Gefieder mit dem Schnabel wieder in Ordnung. Wenn die „Bespannung" bei einem Federflugobjekt einmal „reißt", dann nimmt man als Schnabelersatz einfach Daumen und Zeigefinger und verbindet damit die Federfahnen wieder durch leichtes Darüberstreichen vom Kiel nach außen. Der natürliche „Klettverschluß" zwischen den Federästen verhakt sich besonders leicht, wenn man ihn bei der Bearbeitung etwas anhaucht.

Feder-Intarsien

Die meisten Tauben sind grau, und das ist gut für sie, weil sie so von ihren Feinden nicht so leicht entdeckt werden können. Wenn man Glück hat, bekommt man aber auch weiße und

Feder-Intarsien, grau-weiß

Form A   **Einzelheit X**   **Form E**

DM-Verbindung

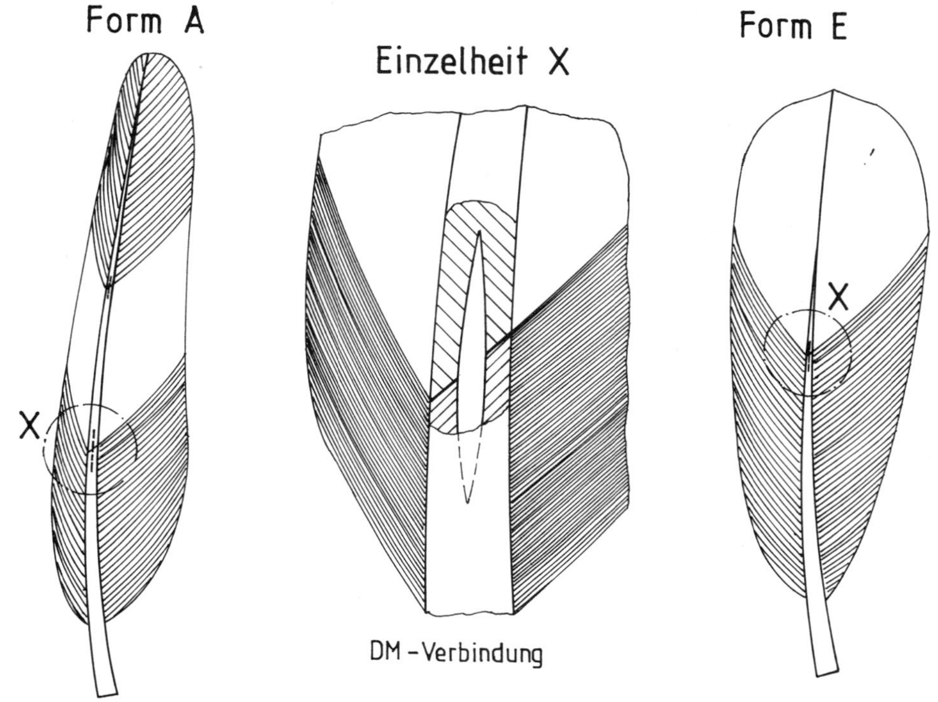

Taubenfeder-Intarsien, grau-weiß

andere Taubenfedern. Die Gestaltung von Federflugobjekten beschränkt sich daher nicht nur auf die allgemeine Formgebung, sondern sie kann auch farblich ergänzt werden. Dabei gibt es mehrere Möglichkeiten. Man kann z. B. graue und weiße Federn für ein Flugobjekt verwenden oder auch einzelne Federn grau und weiß gestalten, und zwar so:

1. Man nimmt zwei Federn der gleichen Art, Form, Größe und Richtung, aber verschiedener Farbe, z. B. eine graue und eine weiße.
2. Die Federkiele dieser beiden Federn werden z. B. auf halber Federlänge durchgetrennt. Das geschieht mit einem scharfen Messer, und die Schnittrichtung entspricht dabei genau dem Winkel der Federäste der breiteren Federfahne. Die Federäste dürfen durch den Schnitt nicht beschädigt werden.
3. Alle Schnittstellen werden beiderseits angerauht.
4. Mit einem passenden Bohrdorn werden kleine Löcher an den Schnittstellen in die Federkiele gestochen.
5. Das Unterteil der grauen Feder und das Oberteil der weißen Feder sowie auch umgekehrt, werden mit dünnen Federkiel-Dübeln verbunden und mit beiderseits aufgetragenem Hartkleber fixiert. Die Federfahnen der grauen und der weißen Feder lassen sich dank dem genormten Klettverschluß ohne Probleme vereinen.

Man kann die Federn nach diesem System natürlich auch öfter teilen und untereinander mischen.

Verbindungs-Technik

Feste Verbindungen

M = Muffenverbindung

Die zu verbindenden Teile stoßen stumpf aneinander und werden mit einer sie allseitig umschließenden Hartklebermuffe fixiert.

Beispiele

a) Fahrwerksbeine und Fahrwerksstrebe,
b) Fahrwerksbeine und Rumpfbüchse,
c) Gummidurchlaß und Baldachin,
d) Gummidurchlaß und Schiebebüchse,
e) Propellerfeststeller und Verstärkungskiel,
f) Rumpf und Propellerfeststeller,
g) Schiebebüchse und Baldachin,
h) Schiebebüchse und Leitwerksträger,
i) Schiebebüchse und Tragflügel,
j) Steckzapfen und Schiebebüchse,
k) Trimmschieberteile usw.

DM = Dübel-Muffen-Verbindung

Die zu verbindenden Teile werden mit einem Federkiel- oder Grashalm-Dübel zusammengefügt und am Stoß durch eine Hartklebermuffe verbunden. Federkiel-Dübel kann man in allen möglichen Stärken und Längen anfertigen. Sie lassen sich auch in jede gewünschte

Feste Verbindungen

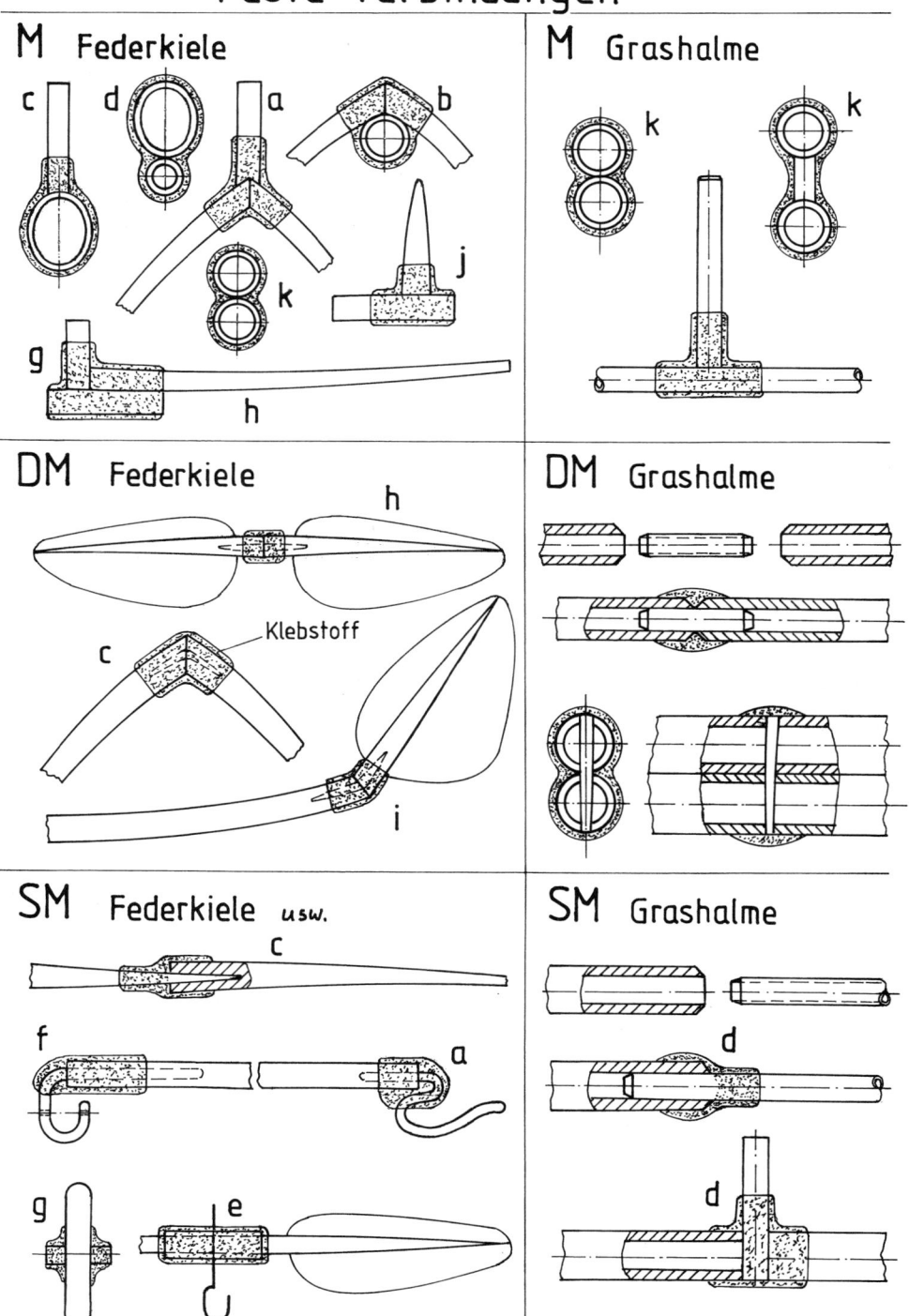

Form knicken, ohne zu brechen. Vor Verwendung spitzt man sie an beiden Seiten mit einer Sandpapierfeile an. Grashalm-Dübel sind gerade, an beiden Enden werden sie etwas abgeschrägt.

Beispiele

a) Baldachin und Leitwerksträger,
b) Baldachin und Verstärkungs-Federkiel,
c) Fahrwerksbein mit Fahrwerksbein,
d) Federkiel mit Federkiel,
e) Federn-Intarsien,
f) Grashalm mit Grashalm,
g) Höhenleitwerk rechts und Höhenleitwerk links,
h) Leitwerksträger und Leitwerke,
i) Tragflügel rechts und Tragflügel links,
j) Tragflügel und Fahrwerksbeine,
k) Tragflügel und Leitwerksträger,
l) Tragflügel und Peilstab,
m) Tragflügel und Steckhülse,
n) Tragflügel und Streben,
o) Verstärkungsfederkiel und Fahrwerksstrebe usw.

SM = Steck-Muffen-Verbindung

Die zu verbindenden Teile werden ineinandergesteckt und mit einer Hartklebermuffe ummantelt. Alle Verbindungsstellen werden vorher angerauht.

Beispiele

a) Endhaken in Rumpf,
b) Feder in Feder,
c) Federkiel in Federkiel,
d) Grashalm in Grashalm,
e) Propellerblätter in Nabe,
f) Propellerlager in Rumpf,
g) Radlager in Radscheibe usw.

Lösbare Verbindungen

Lagerung und Transport von größeren Flugobjekten werden sehr erleichtert, wenn man sie zerlegen kann.

Senkrechte Steckverbindung für Rumpf und einteilige Tragflügel

Werkstoffe Federkiele, dünner Perlonfaden, Hartkleber, Stahldraht, 0,4 mm o. ä.
Werkzeuge Messerfeile, Sandpapierfeile (60/80), Seitenschneider, Flachfeile

Beschreibung

Federkiel-Spulen sind hornartige, konische Hohlkörper. Als Steckzapfen und Steckhülse für die Verbindung benötigt man zwei gut ineinanderpassende und sich leicht verklemmende Federkiel-Spulen von etwa 20–25 mm Länge.

Anfertigung

Zunächst werden die beiden Spulen mit der Sandpapierfeile angerauht und dann mit der Messerfeile vom Kiel abgetrennt. Die als Steckzapfen dienende Spule wird stumpf vorne auf die Schiebebüchse geklebt, die Aufsteckhülse verstärkt man an der Öffnung mit einer dünnen Perlonfaden-Schlaufe und einer kräftigen Hartklebermuffe. An ihrer Spitze wird ein Federkiel-Dübel zur Befestigung des Tragflügels angebracht. Der Dübel kann ein Stückchen in die Hülse eingeschoben werden, jedoch nicht zu weit, weil er sonst beim Aufschieben auf das Unterteil im Wege ist. Er wird mit Hartkleber fixiert. Sitzt der Dübel fest in der Hülse, kann der Tragflügel aufgesteckt und festgeklebt werden. Das für den Dübel nötige Loch wird vorher mit einem Bohrdorn senkrecht in die Mitte des Tragflügels gestochen. Nach dem Aufstecken auf das Unterteil muß der Tragflügel immer genau quer zum Rumpf sitzen. Das erreicht man am einfachsten mit einem Peilstab. Er besteht aus einem ca. 50 mm langen Federkiel mit Spule. Es genügt dazu der schlanke Kiel einer kleinen Schwungfeder. Dieser wird mit einem Federkiel-Dübel so in der Tragflügelmitte angebracht, daß er in Flugrichtung zeigt. Wenn nun, bei aufgestecktem Flügel, Rumpf und Stab parallel verlaufen, dann sitzt auch der Flügel richtig.

Die Verbindungsstelle wird zusätzlich mit einem dünnen Stahldrahtstift gesichert. Den Stift macht man ca. 15 mm lang, sein oberes Ende wird auf etwa 5 mm Länge mit Kerben zum Ankleben versehen, die andere Seite wird mit der Flachfeile angespitzt.

Hier die Reihenfolge der Stiftanbringung:

Die als Steckzapfen dienende Federkiel-Spule sitzt (in Flugrichtung gesehen) auf der Vorderseite der Schiebebüchse. Hinter ihr ist der Leitwerksträger angeklebt (bei Entenkonstruktionen ist die Anordnung genau umgekehrt). Zunächst wird die Steckhülse mit dem Tragflügel auf das Unterteil aufgeschoben und genau ausgerichtet. Dann nimmt man den Stift und drückt ihn, parallel zur Aufsteckhülse, mit der Spitze nach unten in den Leitwerksträger. Das obere eingekerbte Stiftende liegt dabei unmittelbar auf der Steckhülse und wird dort mit Hartkleber befestigt. Der Tragflügel wird erst wieder abgenommen, wenn die Klebestelle absolut fest ist.

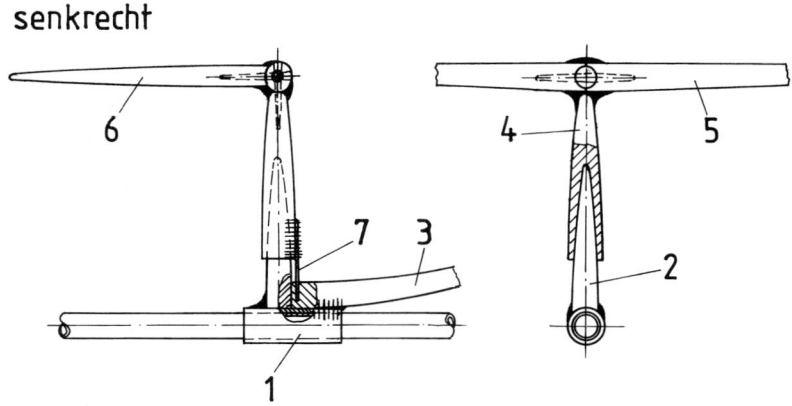

Lösbare Verbindungen, senkrecht
1 Schiebebüchse
2 Steckzapfen
3 Leitwerksträger
4 Steckhülse
5 Tragflügelholm
6 Peilstab
7 Drehsicherung

Lösbare, senkrechte Verbindung

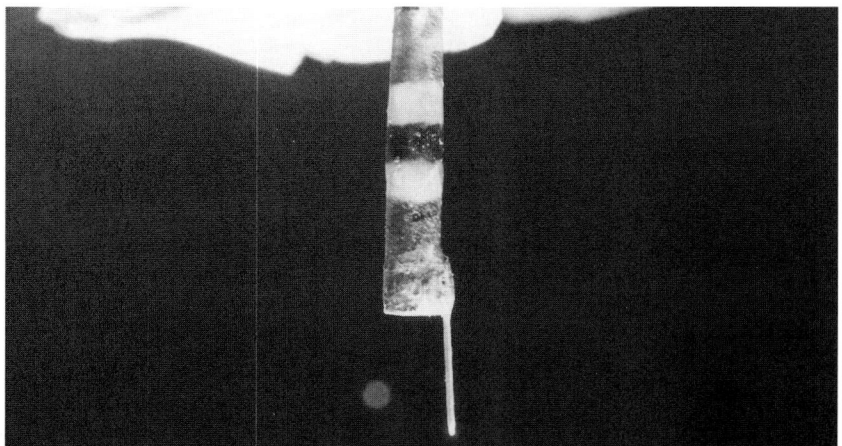
Steckhülse mit Sicherungsstift der senkrechten Verbindung

Steckzapfen der senkrechten Verbindung

Waagrechte Steckverbindung für Rumpf und einteilige Tragflügel

Werkstoffe   Federkiele, dünner Perlonfaden, Hartkleber, Stahldraht, 0,4 mm o. ä.
Werkzeuge   Messerfeile, Sandpapierfeile (60/80), Seitenschneider, Flachfeile

Beschreibung

Diese Verbindung ist im Grunde genauso aufgebaut wie die vorher beschriebene senkrechte Ausführung. Auch hierzu werden wieder zwei gut ineinanderpassende und sich leicht verklemmende Federkiel-Spulen als Kupplungsstücke benötigt. Da diese Verbindung waagrecht liegt, ist es sinnvoll, Steckzapfen und Leitwerksträger aus einem Stück zu fertigen.

Anfertigung

Ein Federkiel von etwa 110 mm Länge wird mit einer Sandpapierfeile angerauht. Seine Spule dient als Steckzapfen. Die dazu passende Steckhülse wird ebenfalls angerauht und an ihrer Öffnung mit Perlonfaden und Hartklebermuffe verstärkt.

Als Sicherung gegen seitliches Verdrehen dient ein ca. 15 mm langer Stift aus dünnem Stahldraht. Der Stift wird auf einer Seite angespitzt und gegenüber auf etwa 5 mm Länge mit Kerben versehen. Als Halterung für die Spitze des Stiftes wird eine kleine Stahldraht-Schlaufe benötigt.

Hier die Reihenfolge der Montage:

Zunächst wird der Federkiel, mit dem Steckzapfen (Spule) in Flugrichtung zeigend (bei Entenkonstruktionen umgekehrt), – mit einem kleinen Baldachin dazwischen – auf die Schiebebüchse geklebt. Wenn die Verbindung fest ist, schiebt man die Steckhülse auf den Steckzapfen. Der Sicherungsstift kommt auf die Oberseite der Aufsteckhülse. Vor seiner Befestigung wird die kleine Stahldraht-Schlaufe in unmittelbarer Nähe der Aufsteckhülse in den Steckzapfen eingedrückt. Dann steckt man den Stift mit seiner Spitze durch die Schlaufe, und zwar so weit, daß sein eingekerbtes Ende auf der Steckhülse liegt und festgeklebt werden kann. Ist der Kleber hart, dann kann auch die als Stiftführung dienende Stahldraht-Schlaufe mit Hartkleber fixiert werden. Dabei kommt der in der Schlaufe stekkende Stift mit dem Kleber in Kontakt. Da dieser aber an jener Stelle glatt ist, läßt er sich, wenn der Kleber etwas angezogen hat, wieder herausziehen.

Die zwei Federkiel-Dübel zum Aufstecken der Tragflügel werden rechts und links der Steckhülse stumpf angeklebt.

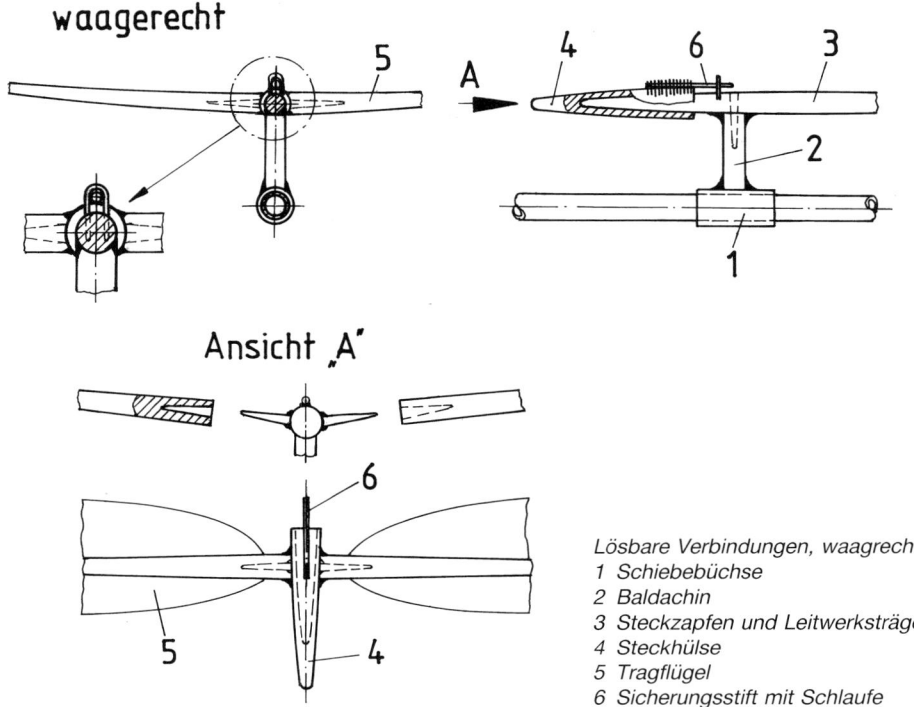

Lösbare Verbindungen, waagrecht
1 Schiebebüchse
2 Baldachin
3 Steckzapfen und Leitwerksträger
4 Steckhülse
5 Tragflügel
6 Sicherungsstift mit Schlaufe

Lösbare, waagrechte Verbindung

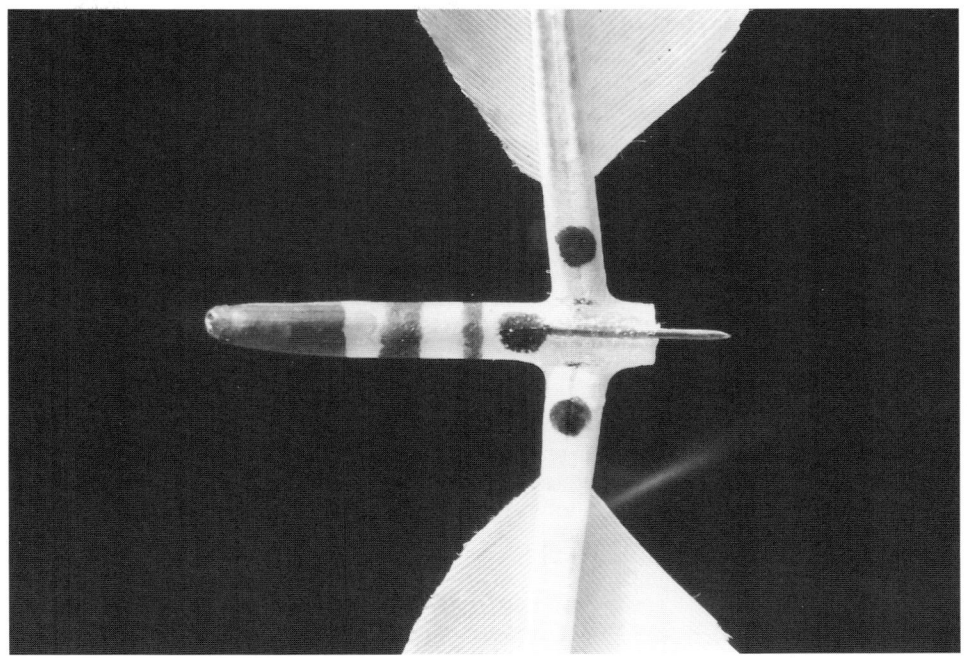

Steckhülse mit Sicherungsstift der waagrechten Verbindung

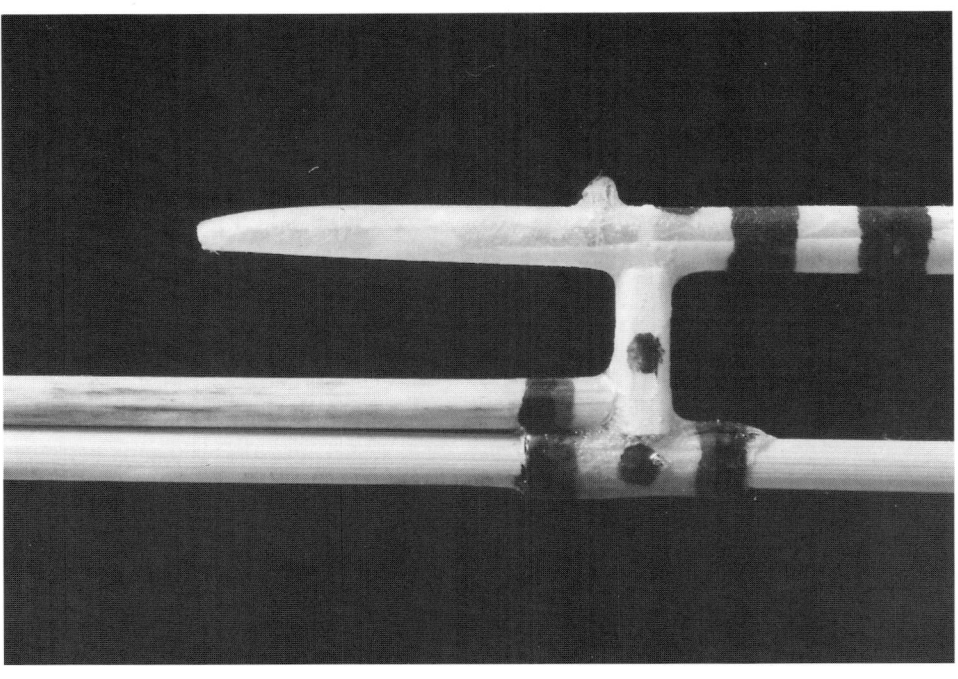

Steckzapfen der waagrechten Verbindung

Montage-Kreuz für Rumpf und zweiteilige Tragflügel

Werkstoffe Alu hart 1 mm, Hartkleber, dünner Perlonfaden, Alu-Rohr, Innendurchmesser 3 mm, Wandstärke 0,5 mm

Werkzeuge Metall-Laubsäge, Flachfeile, div. Nadelfeilen, Rundzange, Flachzange, Spiralbohrer (2 mm)

Beschreibung

Das Montagekreuz wird in liegender Position auf der Schiebebüchse befestigt. Sein oberer (vorderer) Schenkel dient zur Befestigung eines Verstärkungs-Halmes, auf den nach hinten gerichteten Zapfen wird der Leitwerksträger aufgesteckt. Die beiden quer zur Flugrichtung liegenden Schenkel mit den seitlichen Nocken bilden die Steckzapfen für die Tragflügel-Befestigung, die Grundform des Kreuzes hängt von der Tragflügel-Art ab.

Bei einem z. B. aus Schwanzfedern geformten geraden Tragflügel verlaufen die Steckzapfen des Kreuzes genau quer zu den Längsschenkeln. Handelt es sich jedoch um nach hinten gebogene Flügelhälften aus Schwungfedern, dann müssen die Steckzapfen des Montage-Kreuzes eine negative Pfeilform bekommen.

Anfertigung

Die Form des Montage-Kreuzes wird entweder direkt auf das Alublech gezeichnet oder auf ein aufgebrachtes Selbstklebe-Etikett. Mit der Metall-Laubsäge wird die grobe Form aus dem Material herausgearbeitet, und mit diversen Feilen erfolgt die Feinarbeit. Man braucht dazu Geduld und Augenmaß. Alle Kanten werden mit feinem Schmirgelpapier gebrochen.

Bevor das Kreuz auf die Schiebebüchse geklebt wird, erhält es durch entsprechende Kröpfungen mit der Rundzange seine endgültige Form.

Unmittelbar hinter den beiden Querschenkeln, welche zum Aufstecken der Tragflügel dienen, erfolgt die erste Abwinkelung nach unten. Durch die zweite Biegung entsteht wieder ein waagrechter Schenkel. Die dritte Abwinkelung erfolgt nach oben, und nach der letzten Biegung zeigt das Ende waagrecht nach hinten.

Drei verschiedene waagrechte Ebenen entstanden durch das Kröpfen des Montage-Kreuzes. Sie werden für folgende Zwecke benötigt:

1. Der Zapfen vor den Querschenkeln ist für die Befestigung eines Rumpf-Verstärkungshalmes vorgesehen.
2. Das tieferliegende mittlere Teilstück dient zur Befestigung auf der Schiebebüchse.
3. Auf das Endstück wird der Leitwerksträger samt Leitwerk aufgesteckt.

Das fertige Montage-Kreuz wird mit dünnem Perlonfaden auf die Schiebebüchse gebunden und mit einer Hartklebermuffe fixiert. Einstellwinkel und V-Form des Tragflügels können durch entsprechendes Biegen der Steckzapfen gestaltet werden.

Als Gegenstücke zu den Steckzapfen werden Steckbüchsen an den Flügelwurzeln befestigt. Sie bestehen aus etwa 8–10 mm langen Alu-Röhrchen mit 3 mm Innendurchmesser. An einer Seite erhalten sie zwei Nuten, welche sich bei der Flügelmontage über die Nocken der Steckzapfen schieben. Als Sicherung gegen Verdrehen und versehentliches Abziehen werden sie mit zwei Löchern von ca. 2 mm Durchmesser und gegenüber den Nuten mit zwei Einkerbungen versehen. Ihre Befestigung an den Flügelwurzeln erfolgt mit Hartkleber, auch die beiden Bohrungen in den Hülsen werden damit ausgefüllt.

Bei der Montage der Flügel schieben sich die Steckzapfen in die styroporähnliche Füllmasse der Federkiele. Damit die eingestochenen Öffnungen in diesem relativ weichen Material nicht ausleiern, ist es sinnvoll, sie mit Hartkleber zu verfestigen. Um den Kleber in die

Lösbare Verbindungen

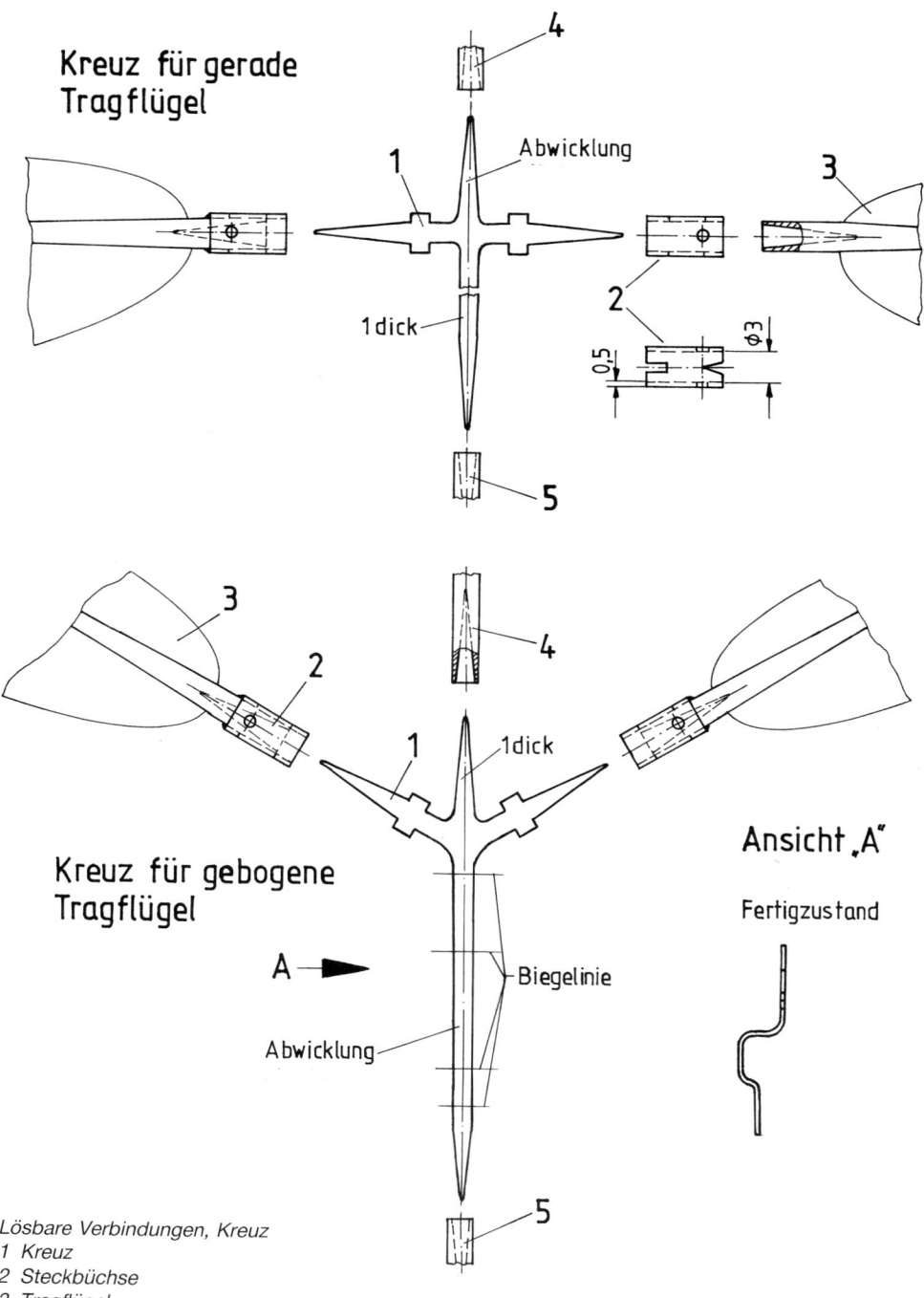

Lösbare Verbindungen, Kreuz
1 Kreuz
2 Steckbüchse
3 Tragflügel
4 Verstärkungshalm
5 Leitwerksträger

Öffnungen einspritzen zu können, muß zunächst am hinteren Ende der Öffnung ein dünnes Entlüftungsloch in den Kiel eingestochen werden. Dann setzt man die Tubenspitze vorne an und drückt Kleber in die Öffnung, bis er beim Luftloch austritt. Anschließend wird der Steckzapfen so weit in das Loch eingeschoben, bis seine seitlichen Nocken in die Nuten der Steckbüchse einrasten. Der dabei heraustretende Kleber wird z. B. mit einem Zahnstocher entfernt. Nach etwa 15 Minuten zieht man den Steckzapfen wieder heraus, damit auch der Kleber in der Öffnung trocknen kann. Einige Zeit später kontrolliert man nochmal, ob sich der Steckzapfen problemlos einführen läßt und satt sitzt.

Hier noch einmal kurz die Reihenfolge der verschiedenen Tätigkeiten:

1. Das fertig geformte Montage-Kreuz wird auf der Schiebebüchse befestigt.
2. Die mit Nuten, Löchern und Kerben versehenen Steckbüchsen werden auf die Federkiele der Wurzelfedern geschoben. Falls die Kiele zu schwach sind, bringt man sie mit Hartklebermuffen auf die richtige Stärke. Sollten sie zu dick sein, schleift man sie mit der Sandpapierfeile passend.
3. Die Tragflügel-Hälften inkl. Steckbüchsen werden so auf die Steckzapfen des Montage-Kreuzes geschoben, daß die Nuten der Hülsen auf den Nocken der Zapfen sitzen, und beide Tragflügel werden so gedreht, daß ihre Einstellwinkel gleich sind.
4. Die stramm auf den Federkielen sitzenden Steckbüchsen werden rundum an ihrem eingekerbten Ende und in den Bohrlöchern mit Hartkleber fixiert.
5. Wenn die Steckbüchsen absolut fest mit den Kielen verbunden sind, werden die Tragflügelhälften von den Steckzapfen wieder abgezogen.
6. Am Ende des Zapfenloches wird in den Federkiel ein Luftloch gestochen und dann Hartkleber vorne in die Öffnung gedrückt, bis er am Luftloch austritt.
7. Die Tragflügelhälften werden nach kurzer Pause wieder auf die Steckzapfen aufgeschoben, bis die Nuten der Steckbüchsen in die Nocken der Steckzapfen einrasten. Der herausgedrückte Kleber wird entfernt.
8. Nach ca. 15 Minuten zieht man die Tragflügel wieder ab. Man läßt die Klebestelle etwas abtrocknen und prüft nach einiger Zeit nochmal, ob sich die Steckzapfen problemlos einführen lassen.

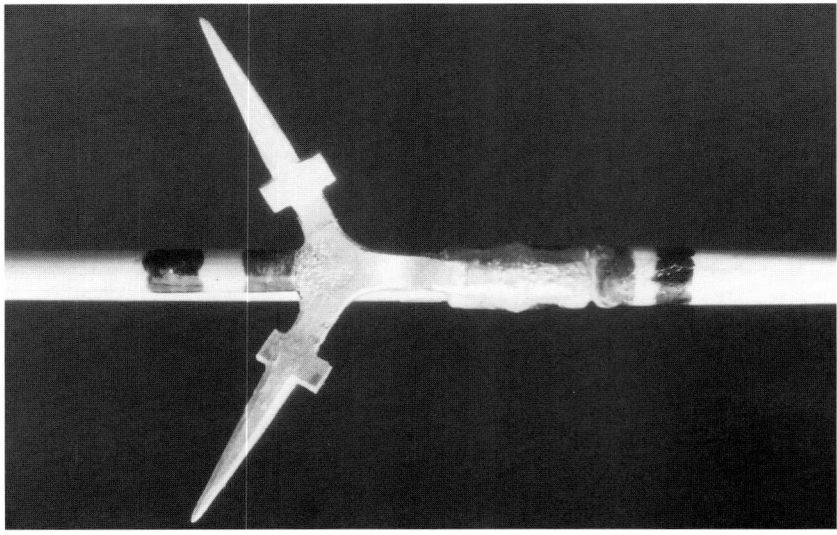

Negativ gepfeiltes Montagekreuz für gebogene Tragflügel, auf Schiebebüchse befestigt

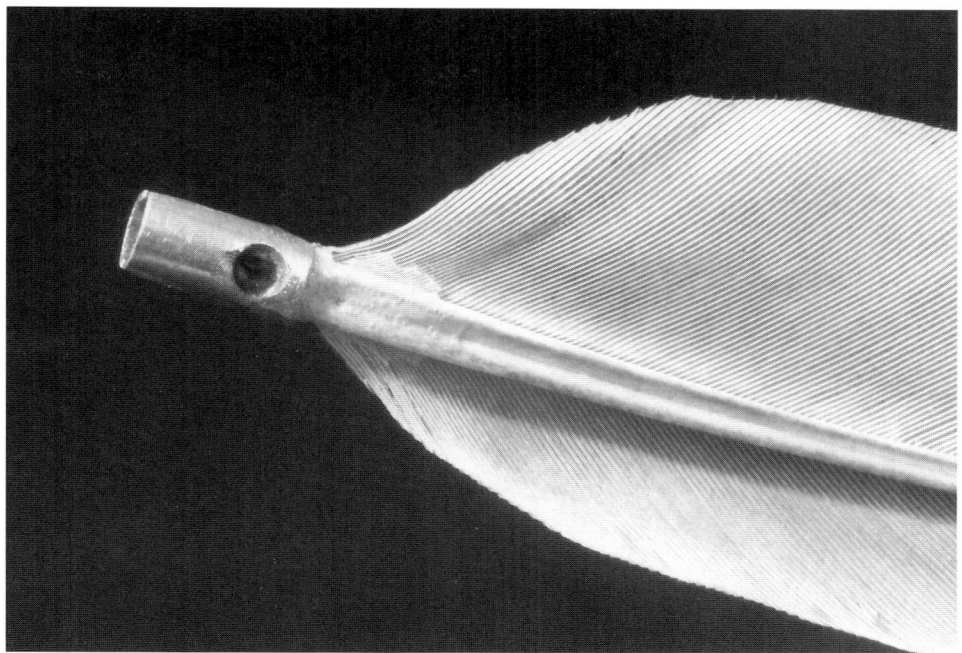

Tragflügel mit Steckbüchse

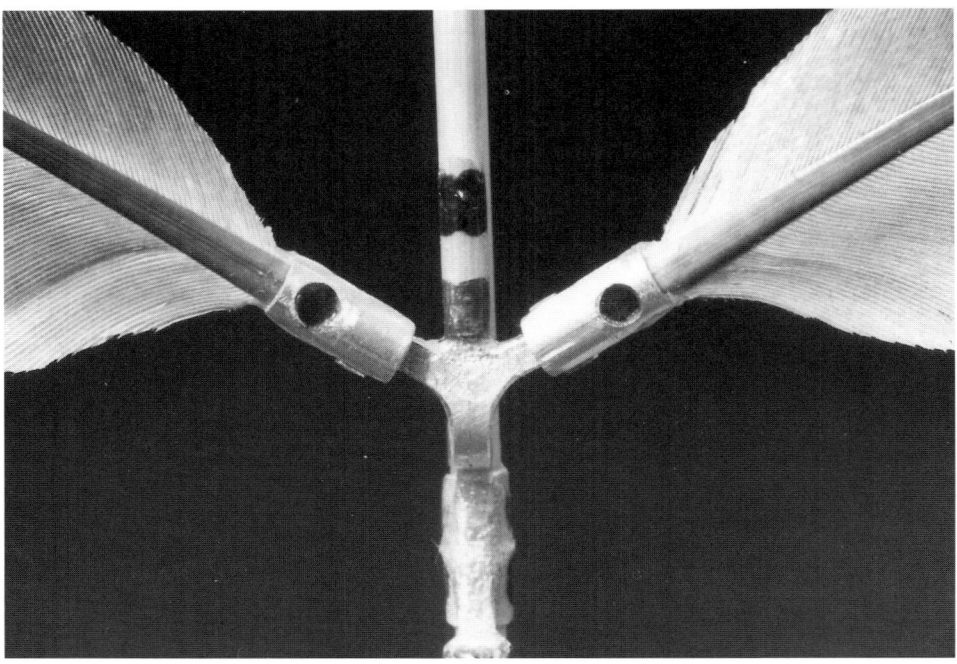

Tragflügel auf Montagekreuz gesteckt

Lösbare Verbindungen

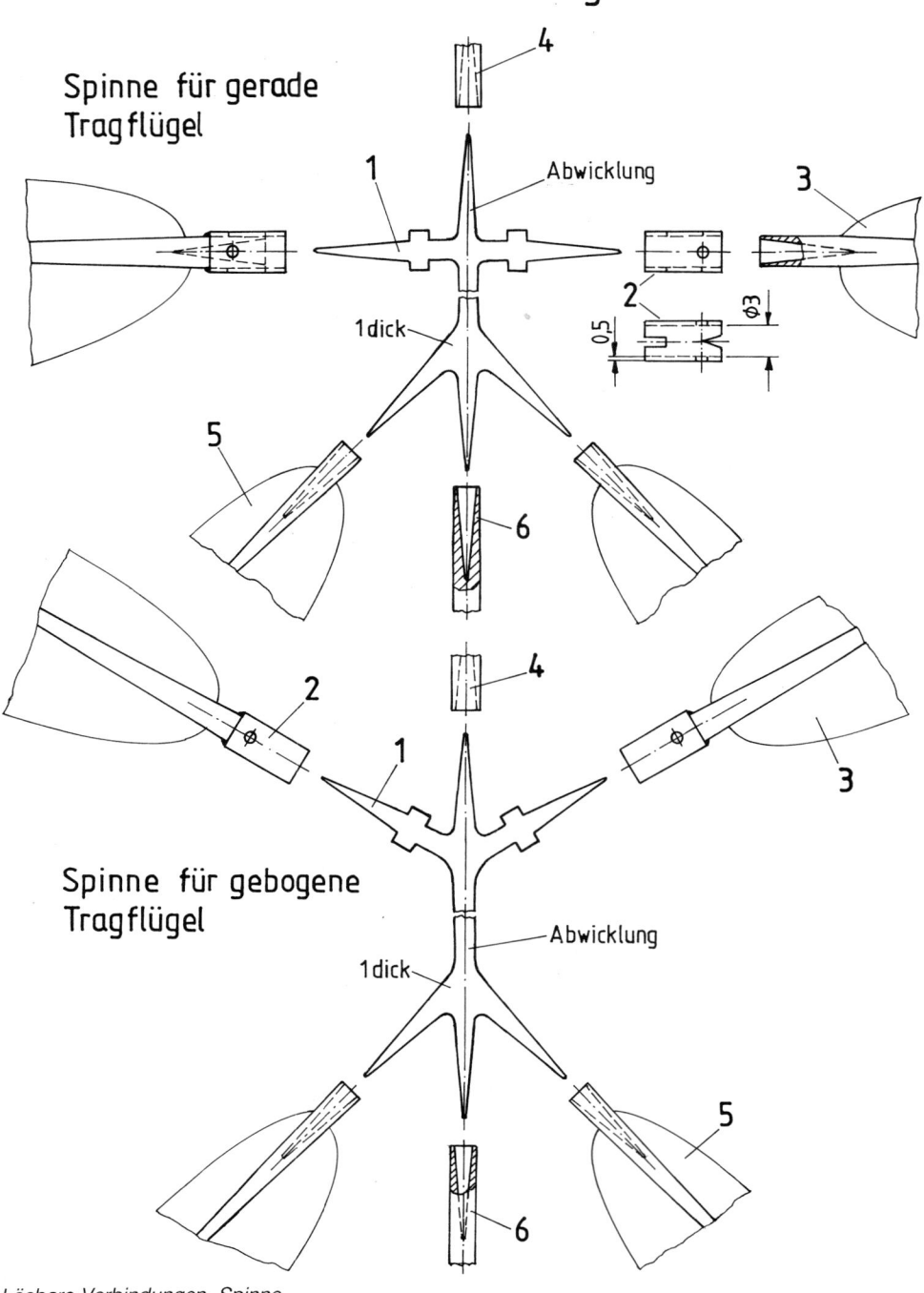

Lösbare Verbindungen, Spinne
1 Spinne
2 Steckbüchse
3 Tragflügel
4 Verstärkungshalm
5 Höhenleitwerk
6 Seitenleitwerk

Montage-Spinne für Rumpf und zweiteilige Tragflügel

Werkstoffe wie Montage-Kreuz

Werkzeuge wie Montage-Kreuz

Beschreibung

Die Montage-Spinne hat sechs Schenkel und wird in liegender Position auf der Schiebebüchse befestigt. Der nach vorne gerichtete Schenkel dient zur Befestigung eines Verstärkungs-Halmes, die beiden quer zur Flugrichtung liegenden Schenkel bilden die Steckzapfen für die Tragflügel-Befestigung, und die drei nach hinten zeigenden Zapfen sind für das Leitwerk vorgesehen. Der mittlere wird nach schräg oben gebogen und nimmt das Seitenleitwerk auf, das gepfeilte Höhenleitwerk sitzt auf den zwei letzten Zapfen.

Anfertigung

Sinngemäß wie Montage-Kreuz.

Allgemeines

Die nun folgenden Beschreibungen sind nur die Auswertung von Erfahrungen, welche ich in langjähriger Praxis sammeln konnte. Ich habe „Neuland" betreten und bin noch lange nicht am Ziel.

Das Thema „Federleicht" scheint unerschöpflich. Meine Aufzeichnungen sollen dazu anregen, sich selbst mit dieser ungewöhnlich vielseitigen Art, Flugobjekte zu konstruieren, zu befassen. Dazu sind allerdings einige Grundkenntnisse nötig. Die wesentlichen Punkte werden nachfolgend in vereinfachter Form dargestellt.

Schwerpunkt — der gewichtliche Mittelpunkt und Drehpunkt des Flugmodells

Den „Hauptholm" des Tragflügels, den Federkiel, kann man grundsätzlich als Mittelpunkt beim Auswiegen eines Normal-Modells benützen, obwohl er, je nach Federn-Art, mehr oder weniger verschoben im Tragflügel liegt. Modelle mit geraden Flügelhälften werden beim Auswiegen beiderseits auf halber Spannweite unterstützt. Bei Knickflügeln oder beidseitig gebogenen Flügeln muß jede Flügelhälfte als ganzer Tragflügel betrachtet werden. Getrimmt wird immer so, daß das Modell leicht kopflastig ist. Wenn für den Flügel ein sehr großer Einstellwinkel gewählt wurde, dann wandert der Schwerpunkt nach vorne, bei sehr kleinem Einstellwinkel jedoch hinter den Federkiel. Das Auswiegen (Trimmen) erfolgt bei Motor-Modellen durch das Verschieben des Rumpfes nach vorne oder hinten. Zusätzlich kann noch, wenn nötig, Ballast in den Propeller-Feststeller eingesteckt werden. Zum Trimmen von Seglern verwendet man am besten Stecknadeln mit Glaskopf. Ihre Länge wird je nach Bedarf gekürzt.

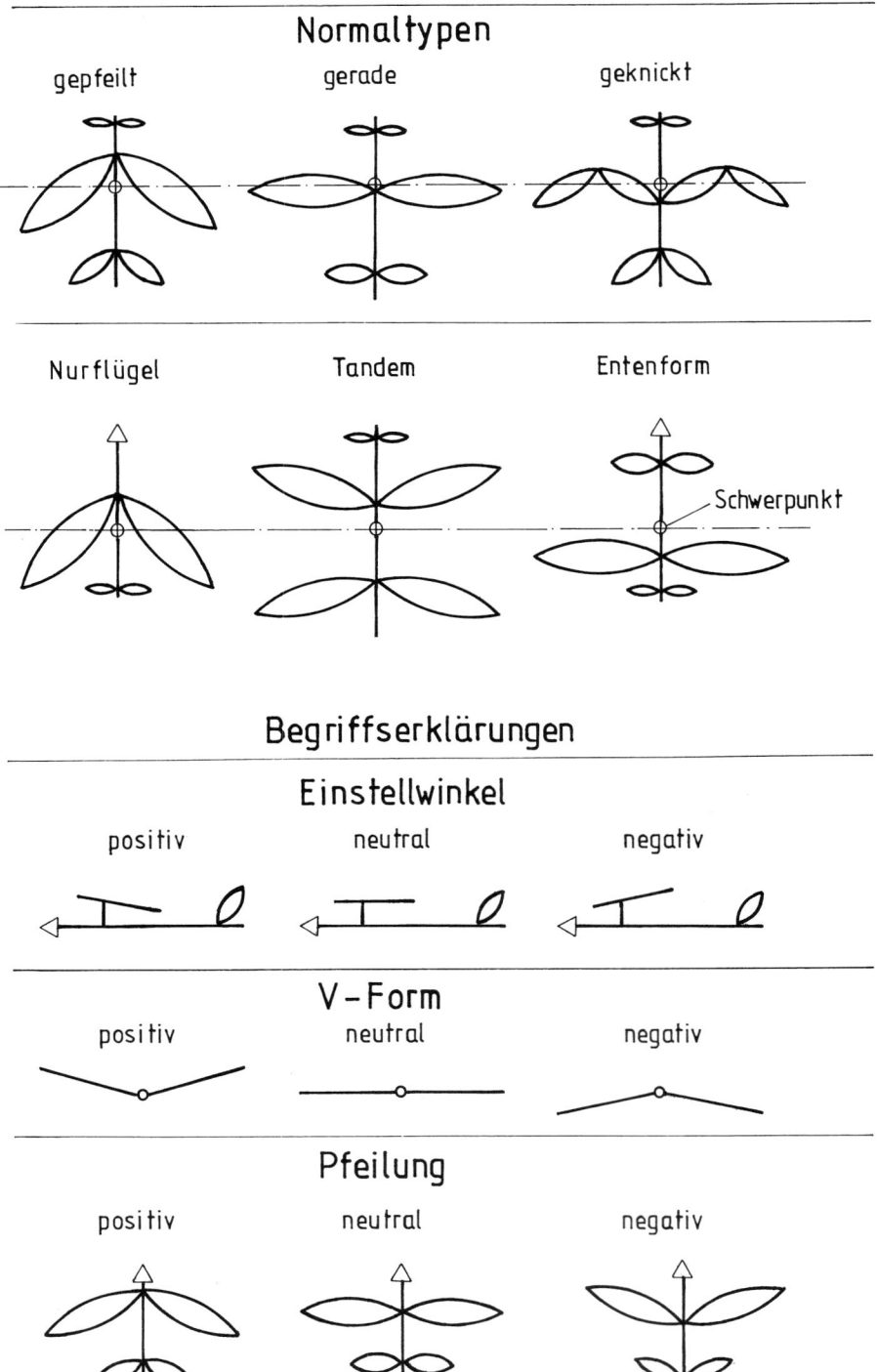

Einstellwinkel – die Einstellung von Tragflügel und Höhenleitwerk

Normalerweise wird jener Winkel, der entsteht, wenn man die Tragflügel-Vorderkante gegenüber der Rumpflängsachse anhebt, Einstellwinkel genannt. Das Höhenleitwerk liegt dabei in der gleichen Ebene wie die Rumpflängsachse mit dem Einstellwinkel null. Wesentlich jedoch ist eigentlich nur das Maß in Grad zwischen Tragflügel und Höhenleitwerk. Es ist nämlich völlig gleichgültig, ob der Einstellwinkel des Flügels z. B. +8° beträgt bei einem 0° stehenden Höhenleitwerk oder ob der Einstellwinkel des Flügels 0° beträgt bei einem auf −8° eingestellten Höhenleitwerk. In beiden Fällen ergibt sich eine flugtaugliche Einstellung zwischen Flügel und Höhenleitwerk von +8°. Die Lage zum Rumpf ist dabei zweitrangig, aber nicht ohne Bedeutung. Bei Modellen mit Fahrwerk z. B. ist es vorteilhaft, für den Tragflügel einen Einstellwinkel von null oder sogar etwas minus zu wählen. Dadurch wird die Lage des Rumpfes in Relation zur Gleitebene verbessert, das Modell erhält eine günstigere Landeposition und ein besseres Flugbild. Die EWD (Einstellwinkeldifferenz) kann etwa 3° bis 15° betragen.

Bei Schräglage oder Looping bedeutet kleine EWD weite Kreise, große EWD enge Kreise.

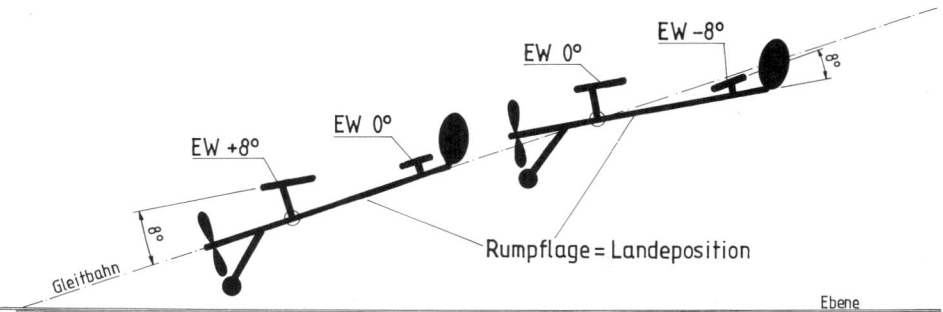

Stabilitäten

Flugstabilität – die Fähigkeit eines Flugobjektes, aus extremen Positionen von selbst wieder in eine normale Fluglage zurückzufinden.

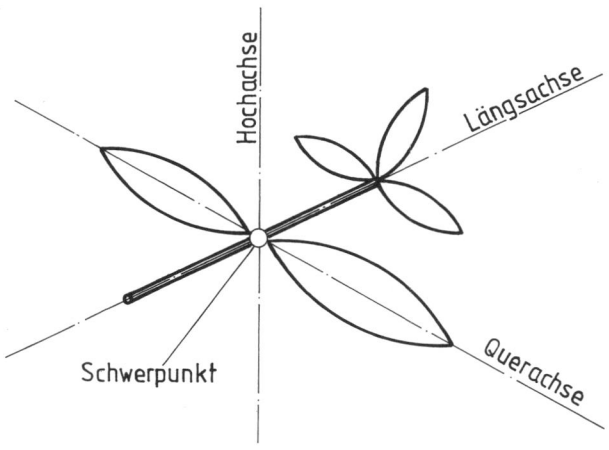

Längsstabilität – Stabilität um die Querachse

Normal und Ente: Flächeninhalt des Höhenleitwerks ca. ⅓ bis ⅕ des Tragflügelinhaltes, Abstand Tragflügel – Höhenleitwerk, von Federkiel zu Federkiel gemessen, das 2½- bis 3fache der mittleren Tragflügeltiefe.

Faustregel: kleiner Abstand – großes Leitwerk, großer Abstand – kleines Leitwerk.

Normal, Ente und Tandem: Pfeilflügel, Schränkung des Tragflügels.

Nurflügel: Schränkung des Tragflügels, Pfeilform, Parabelform.

Querstabilität – Stabilität um die Längsachse

Normal, Ente und Tandem: tiefe Schwerpunktlage, V-Form, Pfeilflügel.

Ente: auch Kopfflügel (Höhenleitwerk), V-Form.

Tandem: Hinterflügel weniger V-Form als Vorderflügel.

Nurflügel: schwache V-Form, Pfeil- oder Parabelflügel.

Richtungsstabilität – Stabilität um die Hochachse

Normal, Ente und Tandem: Seitenflächen vor dem Schwerpunkt. Sie dürfen nicht zu groß sein, damit der Windfahneneffekt des Seitenleitwerks erhalten bleibt.

Normal: Seitenleitwerk ca. ½ so groß wie Höhenleitwerk.

Ente und Tandem: großes Seitenleitwerk, da kurzer Hebelarm durch hinten liegenden Drehpunkt gegeben ist.

Nurflügel: evtl. mit Seitenleitwerk.

Zuviel Stabilität vermindert die Flugleistung und beeinträchtigt die Wendigkeit.

Faustregeln für Einstellwinkel, V-Form und Pfeilung

Normal-Typ

		Vorflügel	Tragflügel	Höhenleitwerk
Einstellwinkel		negativ	positiv	neutral
	oder	negativ	neutral	negativ
V-Form		positiv	positiv	neutral
Pfeilung		neutral	neutral	neutral
	oder	positiv	positiv	positiv

Nurflügel

	Flügel-mittelstück		Flügelspitzen
Einstellwinkel	positiv		neutral bis negativ
V-Form		positiv	
Pfeilung		positiv	

Tandem

		Vorderflügel	Hinterflügel
Einstellwinkel		positiv	neutral bis negativ
V-Form		positiv	neutral bis negativ
Pfeilung		negativ	positiv
	oder	neutral	neutral

Entenform

		Höhenleitwerk	Vorflügel	Tragflügel
Einstellwinkel		positiv	negativ	neutral
	oder	positiv	neutral	positiv
V-Form		positiv	positiv	positiv
Pfeilung		neutral	neutral	neutral
	oder	positiv	positiv	positiv

Kapitel 1 Modellaufbau

A Rumpf
C Gummimotor
B Propeller
D Fahrwerk

A Rumpf

Teil	Benennung	Teil	Benennung
1	Grashalm	6	Endhaken
1a	Luftloch	6a	Endhaken, unten
2	Schiebebüchse	6b	Endhaken, oben
2a	Schiebebüchse	7	Propellerfeststeller
3	Leitwerksträger	8	Schleppkupplung
3a	Flügelträger	9	Stoßpuffer
4	Trimmschieber	10	Gummidurchlaß
5	Propellerlager	11	Verstärkungshalm

Mit den vorgenannten Einzelteilen können alle Rumpftypen angefertigt werden. Der Zusammenbau erfolgt jeweils nach den laufenden Nummern der benötigten Einzelteile.

Rumpf mit Zugmotor für Normal-Flugmodell

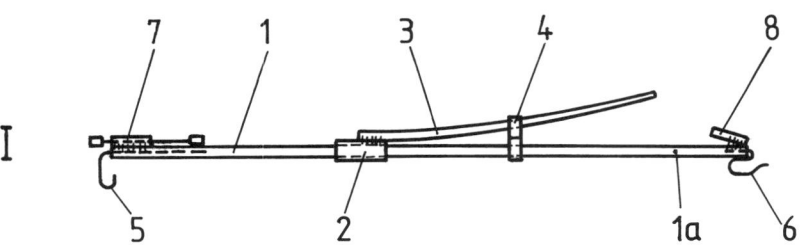

Verstärkter Rumpf mit Zugmotor für Normal-Flugmodell

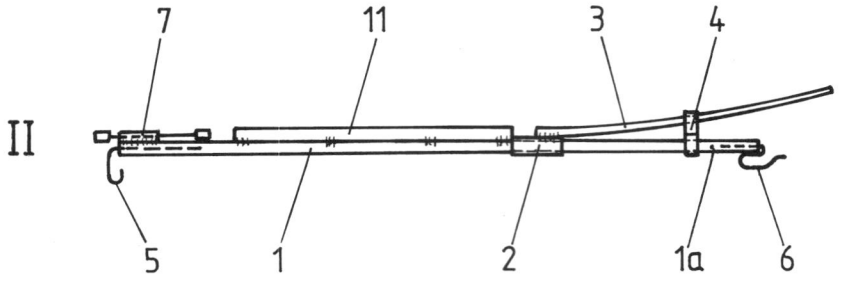

Rumpf mit Schubmotor für Enten-Flugmodell

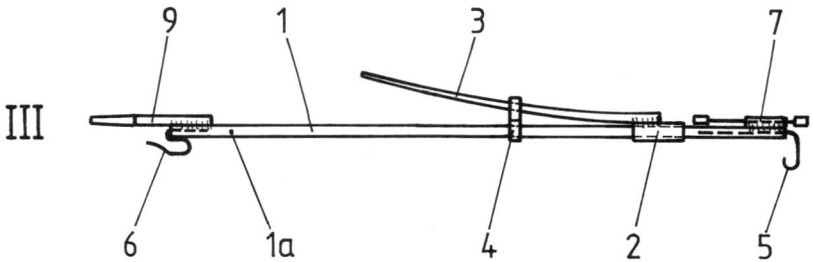

Rumpf mit Zugmotor für Tandem-Flugmodell

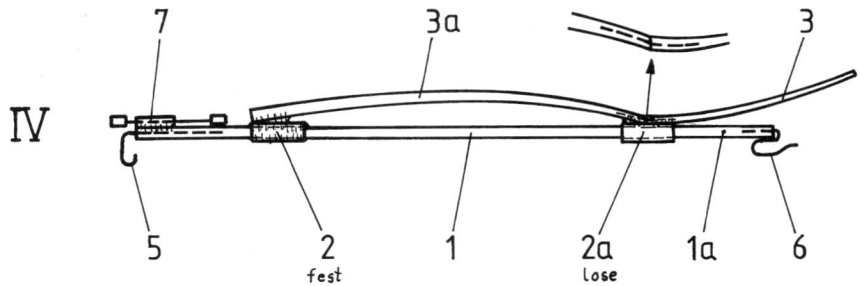

Rumpf mit Zug- und Schubmotor für Normal-, Enten- und Tandem-Flugmodell

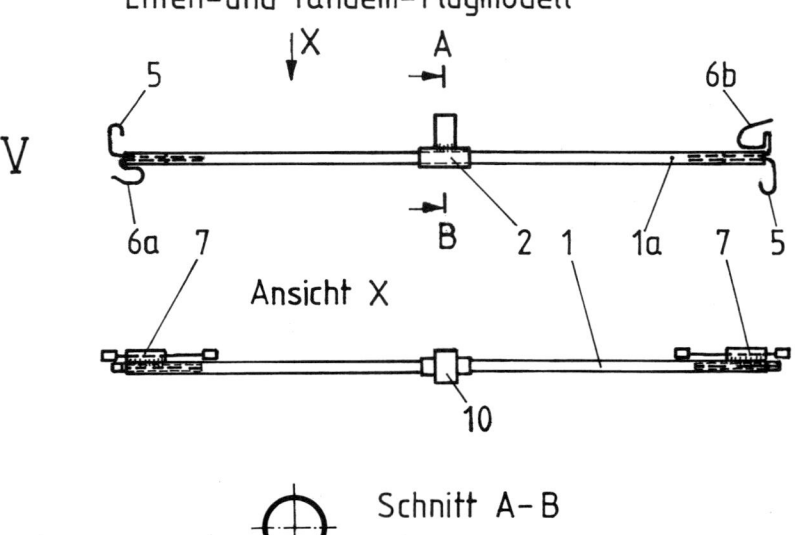

Die vorstehend unter I–V gezeigten verschiedenen Rumpf-Arten sind praktisch der Grundstock für unzählige Flugmodellkonstruktionen und Variationen. Wesentliches Konstruktionsmerkmal ist die Trennung von Rumpf und Tragwerk. Beide Bauteile sind lediglich durch eine Schiebebüchse verbunden. Dadurch ergeben sich zwei sehr wertvolle Vorteile:

1. Die bei aufgezogenem Gummimotor am Grashalm-Rumpf entstehenden Biege- und Drehkräfte können nicht auf Tragflügel und Leitwerke negativ einwirken.
2. Der Rumpf kann beim Einfliegen zum Trimmen so weit in der Büchse verschoben werden, bis die richtige Schwerpunktlage gefunden ist. Erst dann wird er mit Leim fixiert. Dadurch entfällt ein sogenanntes totes Trimmgewicht.

Teil 1   Grashalm für Rümpfe I–V

Werkstoffe   Grashalm, ⌀ 2–3 mm, Länge nach Bedarf

Werkzeuge   Messerfeile, Sandpapierfeile (Körnung 100/120)

Beschreibung

Die für den Rumpf zur Verwendung kommenden Grashalme haben, je nach Rumpflänge, einen Außendurchmesser von ca. 2 bis 3 mm. Sie sollten gerade sein. Falls sie leicht gebogen sind, verwendet man sie so, daß der „Bauch" nach unten, also zum späteren Gummistrang hin zeigt. Einheitliche Rumpflängen sind sehr vorteilhaft, weil man dann entsprechende Ersatzgummis anfertigen und bereithalten kann.

Bewährte Standard-Rumpfgrößen sind:

Grashalmlänge	135	160	185	210	260	310 mm
Gummilänge	125	150	175	200	250	300 mm

Anfertigung

Man nimmt einen trockenen, geraden Grashalm und biegt ihn zunächst leicht nach allen Richtungen, um festzustellen, ob er fehlerfrei und somit geeignet ist. Dann wird die gewünschte Länge angezeichnet und der Halm mit der Messerfeile an den entsprechenden Stellen ringsum vorsichtig eingekerbt, bis er sich abbrechen läßt. Die Bruchstellen werden mit der Sandpapierfeile begradigt und beide Enden des Halmes ca. 5 mm breit aufgerauht.

Teil 1a   Luftloch im Grashalm für Rümpfe I–V

Werkzeug   Bohrdorn (0,4 mm)

Beschreibung

Ein Grashalm ist innen hohl und mit Luft gefüllt. Wenn das Propellerlager (Teil 5) eingeklebt wird, ist eine Seite des Halmes luftdicht verschlossen.

Will man nun am anderen Ende Leim in den Grashalm drücken, um den Endhaken einzupassen, so geht das am besten, wenn durch ein vorher in den Grashalm gebohrtes Luftloch die vom einfließenden Leim verdrängte Luft entweichen kann. Ohne diese Entlüftung bildet sich sonst im Grashalm ein Überdruck und eine unerwünschte Luftblase an der Klebestelle.

Anfertigung

Das Loch bohrt man etwa 10 mm vom Rumpfende entfernt mit dem Bohrdorn (0,4 mm) in den Grashalm.

Teil 2   Schiebebüchse, festsitzend, für Rümpfe I–V

Werkstoffe   Taubenfederkiel, Grashalm, Schilfrohr oder Papier, Perlonfaden (0,30 mm), Hartkleber

Werkzeuge   Messerfeile, Schere, Sandpapier-Feile 60/80, desgleichen 100/120

Beschreibung

Die Schiebebüchse verbindet variabel den Rumpf mit dem Tragwerk. Schiebebüchsen können gefertigt werden aus Tauben-Federkiel, Grashalm, Schilfrohr oder Papier. Man nimmt entweder einen Grashalm und paßt eine Büchse auf ihn oder benutzt eine vorhandene Büchse und paßt einen Grashalm ein. Grashalme sind meistens leicht konisch. Am stärkeren Ende wird das Propellerlager eingeleimt. Man muß unbedingt darauf achten, daß die Schiebebüchse nicht am dünneren Ende des Halmes angepaßt wird, weil sie sich sonst evtl. nicht mehr zum stärkeren Teil hin verschieben läßt. Um dies zu vermeiden, probiert man den satten Sitz der Hülse dort, wo etwa später der Schwerpunkt liegt. Das ist beim Normalflugmodell ungefähr in der Mitte des Halmes und beim Entenflugmodell etwa ⅓ Halmlänge vom Propellerlager entfernt.

Sollte die Schiebebüchse zu lose auf dem Halm sitzen, so kann man sie mit einem kleinen, mit der Schere zugeschnittenen Keil aus dem runden Teil eines Federkieles festklemmen.

Anfertigung Schiebebüchse aus Taubenfederkiel

Das leicht ovale starke Teil eines Federkieles wird zunächst mit der groben Sandpapierfeile, Körnung 60 (80), aufgerauht. Mit scharfer Schere und schnellem Schnitt schneidet man dann eine Büchse von ca. 10 mm Länge ab. Daß sie dabei nicht kaputtgeht, erfordert allerdings einige Übung. Sicherer ist es, um den aufgerauhten Kiel zunächst mit Hartkleber eine Leim-Muffe zu legen und, wenn diese trocken ist, mit der Messerfeile unter Drehung des Federkieles das gewünschte Stück abzulängen.

Schiebebüchse aus Grashalm oder Schilfrohr

Hierzu ist ein Grashalm oder Schilfrohr nötig, welches im Innendurchmesser so groß ist, wie der Rumpfgrashalm außen. Das Ablängen geschieht mit der Feile wie vorher beschrieben. Die Außenseite der Büchse wird mit Sandpapier, Körnung 100 (120), angerauht und zur Verstärkung mit Hartkleber ummantelt.

Schiebebüchse aus Papier

Einen ca. 10 mm breiten und ca. 20 mm langen Streifen Schreibpapier rollt man zwischen Daumen und Zeigefinger zu einem kleinen Röllchen zusammen und schiebt dieses auf den Rumpf. Damit es knapp sitzt, bindet man es mit dünnem Perlonfaden fest zusammen und ummantelt es dann mit Hartkleber.

Teil 2a   Schiebebüchse, lose sitzend, für Rümpfe IV

Anfertigung sinngemäß wie Teil 2

Teil 3   Leitwerksträger für Rümpfe I–III

Werkstoffe   Federkiel, Hartkleber
Werkzeuge   Schere, Sandpapier (Körnung 100/120)

Beschreibung

Der Leitwerksträger sitzt auf der Schiebebüchse und verbindet den Tragflügel mit dem Leitwerk. Die Länge des Leitwerksträgers ergibt sich aus dem nötigen Abstand zwischen diesen beiden Teilen, *das sind normalerweise etwa 60 bis 80 mm.*

Anfertigung

Man schneidet den Federkiel mit der Schere auf die entsprechende Länge ab und rauht die beiden Enden mit Sandpapier auf. Er wird dann mit Hartkleber so auf die Schiebebüchse geklebt, daß seine natürliche leichte Biegung nach oben, also weg vom Rumpf, zeigt.

Teil 3a   Flügelträger für Rümpfe IV

Werkstoffe   Federkiel, Hartkleber
Werkzeuge   Schere, Sandpapier (Körnung 100/120)

Beschreibung

Der Flügelträger besteht aus einem Stück Federkiel und verläuft von der festsitzenden Schiebehülse Teil 2 zur lose sitzenden Schiebehülse Teil 2a.

An ihm können mehrere Flügelpaare für Tandemflugmodelle befestigt werden. Die festsitzende Büchse Teil 2 wird nach dem Einfliegen mit dem Grashalm verklebt. Durch die Büchse Teil 2a wird der Grashalm nur lose geführt, damit die bei aufgezogenem Gummimotor auf den Halm wirkenden Kräfte nicht auf Flügel und Leitwerke übertragen werden können.

Anfertigung

Der Federkiel wird auf die benötigte Länge zugeschnitten und vor dem Verkleben mit Sandpapier aufgerauht. Der Träger wird so montiert, daß seine natürliche leichte Wölbung nach oben zeigt.

Teil 4   Trimmschieber für Rümpfe I–III

Werkstoffe   dünnes Alublech, Federkiel, Grashalm oder Schilfrohr
Werkzeuge   Blechschere, Rundzange, Messerfeile, Sandpapier (Körnung 100/120), Hartkleber

Beschreibung

Der Trimmschieber ist ein bewährtes Zubehör für die Feineinstellung des Höhenleitwerks. Bei einfachen Flugmodellen ist er nicht unbedingt nötig, bei speziellen Aufgaben jedoch, wie z. B. Flugzeugschlepp, ist er unentbehrlich.

Anfertigung

a) Trimmschieber aus Alublech

Aus dünnem Alublech, z. B. von einer Konservendose, schneidet man einen ca. 3 mm breiten Streifen, welcher dann mit der Rundzange zu einer S-Schlaufe gebogen wird. Die eine Kurve vom S legt man um den Grashalm und drückt sie vorsichtig zusammen, die zweite Kurve umschließt den Federkiel des Leitwerksträgers. Durch seitliches Verschieben der S-Schlaufe wird der leicht nach oben gebogene Leitwerksträger entweder gehoben oder gesenkt und somit das anhängende Höhenleitwerk auf schwanzlastig oder kopflastig getrimmt.

b) *Trimmschieber aus Federkiel, Grashalm oder Schilfrohr*

Zwei ca. 3 mm lange Stückchen Federkiel, Grashalm oder Schilfrohr werden entweder unmittelbar aufeinandergeleimt oder mit einem kleinen Stückchen Federkiel dazwischen. Um das mit Sandpapier angerauhte Material wird anschließend eine Hartkleber-Leimmuffe gelegt.

Wichtig: Diese Art Trimmschieber muß vor dem Einleimen des Endhakens und vor Montage des Leitwerks über den Grashalmrumpf und den Leitwerksträger gesteckt werden. Mit Farbpunkten kann man auf dem Leitwerksträger die bewährten Stellungen des Trimmschiebers markieren.

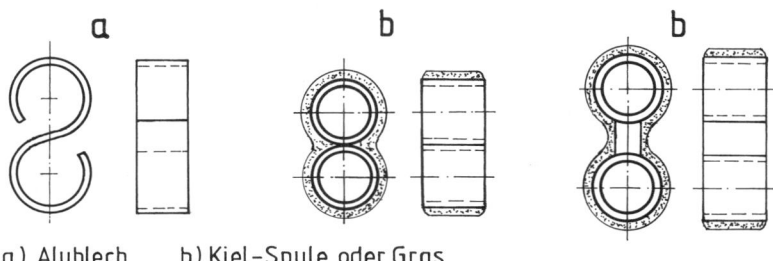

a) Alublech   b) Kiel-Spule oder Gras

Trimmschieber aus Federkiel

Teil 5   Propellerlager für Rümpfe I–V

Werkstoffe   Alublech, weich, 1 mm stark

Werkzeuge   Blechschere, Flachzange, Rundzange, Rosenkranzzange, Stahldorn, Hammer, Flachfeile, Rundfeile, Bohrdorn (0,4 mm), Schmirgelpapier (150)

Beschreibung

Das Propellerlager muß zum Einfliegen in alle Richtungen leicht verstellbar sein und wird daher aus weichem Alublech gefertigt. Um der Propellerachse eine gute Führung zu geben, ist eine doppelte Lagerung von Vorteil. Leichter anzufertigen ist allerdings ein Einfachlager. Es hat jedoch den großen Nachteil, daß es nicht von Hand so genau eingestellt werden kann wie das Doppellager, sondern nur mit Hilfe einer Zange, und die Führung der Propellerachse ist nicht so gut.

Anfertigung

Zunächst schneidet man aus weichem Alublech (1 mm) mit einer Blechschere oder Hebelschere, evtl. auch mit einer Metallsäge oder Metall-Laubsäge, einen konischen Streifen von etwa 30 mm Länge und 3 mm bzw. 1,5 mm Breite. Die Breite kann auch geringer oder größer sein, sie richtet sich danach, wie stark der Grashalm ist, in den das Lager eingepaßt werden soll. Nach dem Schneiden mit der Schere ist das Material meist leicht verbogen. Man richtet es plan aus, entweder mit zwei Flachzangen oder durch leichtes Klopfen mit einem kleinen Hammer auf ebener, fester Unterlage. Dann werden die Löcher für die Aufnahme der Propellerachse angezeichnet. Sie liegen etwa 2 mm und 8 mm vom breiten Ende des Alubleches entfernt. Der Abstand zwischen beiden vorgesehenen Löchern beträgt also ca. 6 mm. Jetzt legt man das ebene Blechteil auf ein Stück Hartholz oder ähnliches und schlägt gefühlvoll mit einem kleinen Hammer den Stahldorn an den bezeichneten Stellen so weit ein, daß auf der Rückseite des Blechstreifens zwei kleine Ausbeulungen entstehen. Diese feilt man mit der Flachfeile weg. Wurde der Stahldorn weit genug eingeschlagen, dann werden nach dem Glattfeilen zwei winzig kleine Löcher sichtbar. Nun setzt man den Stahldorn hier, also auf der Gegenseite, an und weitet die kleinen Löcher so weit, daß der Bohrdorn (0,4 mm) knapp hindurchpaßt. Sind jedoch nach dem Glattfeilen noch keine kleinen Löcher auf der Rückseite zu erkennen, so muß man nochmal mit dem Stahldorn leicht nacharbeiten.

Anschließend wird die breite Seite des Blechstreifens mit der Flachfeile abgerundet. Mit der Rosenkranzzange wird dann der flache Alu-Blechstreifen am gelochten Ende zum U-förmigen Doppellager gebogen. Hierzu ist einige Geschicklichkeit nötig. Man hält dabei den Blechstreifen entweder mit einer Flachzange oder einfach zwischen Daumen und Zeigefinger fest. Das dann U-förmige Lager wird mit dem Bohrdorn (0,4 mm) nachgeräumt und wenn nötig ausgerichtet, bis eine saubere parallele Führung gegeben ist. Seine endgültige Form erhält das Lager durch eine letzte 90°-Biegung mit der Rundzange. Beim fertigen Propellerlager verläuft dann die Propellerachse ca. 4 mm unterhalb des langen Schenkels, welcher in den Grashalm eingeklebt wird. Zum Schluß verputzt man das Lager mit feinem Schmirgelpapier.

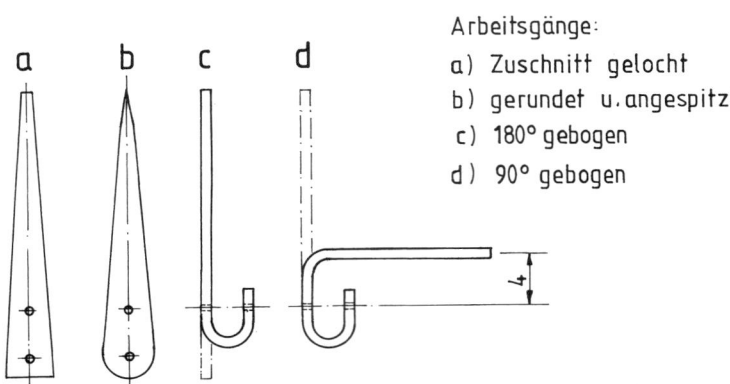

Arbeitsgänge:
a) Zuschnitt gelocht
b) gerundet u. angespitzt
c) 180° gebogen
d) 90° gebogen

Teil 6   Endhaken für Rümpfe I–IV

Werkstoffe   Alu-Blech weich 1 mm stark, Hartkleber

Werkzeuge   Blechschere, Flachzange, Rundzange, Rosenkranzzange, Schmirgelpapier (150)

Beschreibung

Der Endhaken dient zum Einhängen des Gummis am Rumpfende. Die Herstellung aus Alublech ist von Vorteil, weil man leicht die Hakenstärke dem gegebenen Grashalm-Innendurchmesser anpassen kann.

Anfertigung

Zunächst schneidet man mit der Blechschere einen etwa 2 mm breiten und 25 mm langen Blechstreifen ab. Dann richtet man ihn plan aus, wie unter Teil 5 beschrieben. Anschließend rundet man mit der Flachfeile alle Kanten und verputzt das Material mit feinem Schmirgelpapier, damit später der Gummi beim Einhängen nicht beschädigt wird. Den so vorbereiteten Alublechstreifen biegt man nun mit der Rundzange zu einer Schlaufe.

Mit der Rosenkranzzange wird ein Schenkel der Schlaufe um 180° zurückgebogen und der Haken in seine endgültige Form gebracht. Das hintere Ende des Hakens wird sauber rundgefeilt und mit Schmirgelpapier geglättet.

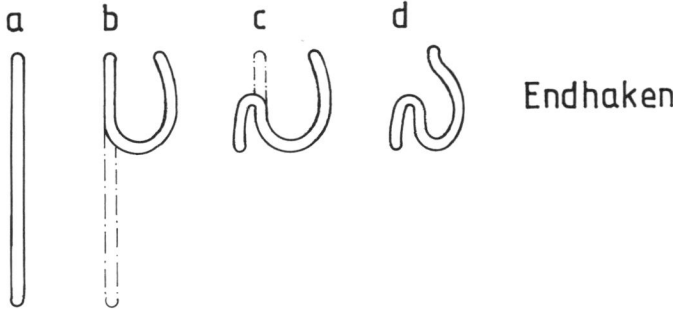

Teil 6a und 6b   unterer und oberer Endhaken für Rümpfe V

Werkstoffe   Stahldraht (0,4 mm), Hartkleber

Werkzeuge   Seitenschneider, Flachzange, Rundzange, Rosenkranzzange, Schmirgelpapier (150)

Beschreibung

Rümpfe mit Tandem-Motor (Zug–Schub) haben an beiden Enden Propellerlager und Endhaken. Da für Aluhaken hier kein Platz mehr im Hohlraum des Grashalmes vorhanden ist, werden in diesem Fall Endhaken aus Stahldraht verwendet.

Anfertigung

Eine bestimmte Form aus Stahldraht zu biegen erfordert Geduld und Übung. Weil das Material bei der Bearbeitung immer wieder zurückfedert, muß jede Biegung ziemlich überdehnt werden, um die gewünschte endgültige Form zu erhalten. Zur Bearbeitung nimmt man Flach-, Rund- und Rosenkranzzange, zum Ablängen den Seitenschneider. Der fertiggebogene Haken wird zum Schluß dort, wo später der Gummi eingehängt wird, mit Schmirgelpapier abgerundet.

Anmerkung: Man kann auch dünneren Stahldraht verwenden und diesen doppelt nehmen.

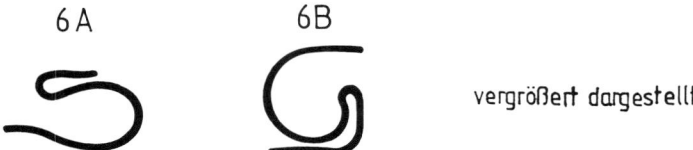

vergrößert dargestellt

Teil 7 Propellerfeststeller mit Trimmkammer für Rümpfe I–V

Werkstoffe Federkiel, Grashalm, Stahldraht ca. 0,3 mm, Hartkleber
Werkzeuge Messerfeile, Sandpapier (100/120), Seitenschneider, Rundzange, Flachzange

Beschreibung

Der Propellerfeststeller ist ein sehr praktisches und vielseitiges Zubehör, welches jedoch für ein einfaches Flugmodell nicht unbedingt nötig ist. Will man jedoch z. B. zehn Modelle kurzfristig hintereinander starten, bei mehrmotorigen Flugmodellen oder beim Flugzeugschlepp, braucht man ihn unbedingt. Wenn nötig, kann man den Hohlraum des Propellerfeststellers als *Trimmkammer* nützen, indem man dort z. B. einen kleinen Nagel entsprechender Stärke und nötiger Länge als Trimmgewicht deponiert.

Es gibt vier Arten von Propellerfeststellern, den Normalfeststeller, den Automatikfeststeller, den Universalfeststeller und den Geräuscherzeuger.

Der *Normalfeststeller* ist so gestaltet, daß sich der Feststellstab zügig mit dem Finger in der Führungsbüchse verschieben läßt. Er wird verwendet für alle Flugmodelle, welche nach einem evtl. Anstoßen an ein Hindernis weiterfliegen sollen, solange der Gummimotor läuft. Auch bei Kunstflug-Starts senkrecht nach unten darf sich der Feststeller nicht von selbst verschieben.

Beim sogenannten *Automatik-Feststeller* jedoch soll der Feststellstab sofort beim Anstoßen nach vorne rutschen und den Propeller blockieren. Er ist daher besonders gut geeignet für den Flugzeugschlepp, weil er verhindert, daß nach einem evtl. Zwischenfall während des Schleppvorgangs das Schleppseil vom Propeller oder vom verdrillten Gummimotor eingefangen und aufgewickelt wird.

Der *Universal-Feststeller* ist für alle Fälle geeignet. Er ist ein Automatikfeststeller mit Sicherungsbügel. Will man nicht, daß der Propeller automatisch blockiert wird, dann klappt man den Sicherungsbügel über einen Haltestift.

Zum Schluß der sogenannte *Geräuscherzeuger*. Hier handelt es sich um einen Feststeller, bei dem der Feststellstab sehr stramm in der Führungsbüchse läuft und das zum Propeller zeigende Ende des Stabes halbkugelförmig ausgebildet ist. Schiebt man nun den Feststeller so weit vor, daß die Nabe des laufenden Propellers ihn streift, so entsteht ein flatternder Ton, der einem Motorgeräusch sehr nahe kommt.

a) *Normal-Feststeller*   zügig laufend
b) *Automatik-Feststeller*   lose laufend
c) *Universal-Feststeller*   lose mit Sicherungsbügel
d) *Geräuscherzeuger*   stramm laufend, eine Seite abgerundet

(weiter auf Seite 61)

Verfasser am Werktisch mit Helling (Foto: W. Plaha)

Verfasser bei Federkiel-Demonstration mit Studenten der Akademie der Bildenden Künste, Nürnberg (Foto: W. Plaha)

Spaltflügel-Schulterdecker „Langbein", 360 mm Spannweite, 3,30 Gramm

Dreidecker mit Herzstück, 270 mm Spannweite, 3,00 Gramm

Tauben-Bussard, 500 mm Spannweite, 5,40 Gramm

Schleppzug, Seil an Heck-Kupplung (HK) eingeklinkt.
Schlepper: 250 mm Spannweite, 2,55 Gramm
Segler: 270 mm Spannweite, 0,55 Gramm

„Papageier", Papageifedern, naturfarben.
325 mm Spannweite, 5,50 Gramm

Spaltflügel-Ente mit Zug-Schub-Motor und Dreibeinfahrwerk.
265 mm Spannweite, 3,30 Gramm

„Krumme Ente", asymmetrisches Flugobjekt mit Schubmotor.
445 mm Spannweite, 3,30 Gramm

Rundflügel „Herz-Kreis-Lauf".
215 mm Spannweite, 2,85 Gramm

„Papapfau", Spaltflügel-Hochdecker mit Zweibein-„Laufwerk", Federn naturfarben.
280 mm Spannweite, 3,70 Gramm

*Vierdecker-Tandem mit Zug-Schub-Motor und Dreibeinfahrwerk.
260 mm Spannweite, 5,10 Gramm*

„Sechsdecker" mit Zug-Schub-Motor, Propeller aus Lindenholz.
210 mm Spannweite, Höhe 190 mm, 5,50 Gramm

„Handflügel".
500 mm Spannweite, 5,40 Gramm

Dreidecker-Ente mit Zug-Schub-Motor und Dreibeinfahrwerk, Propeller aus Lindenholz.
235 mm Spannweite, 4,10 Gramm

Schleppzug, Seil an Schwerpunkt-Kupplung (SK) eingeklinkt.
Schlepper: 245 mm Spannweite, 2,90 Gramm
Segler: 160 mm Spannweite, 0,45 Gramm

„Drei-Möven-Tandem" mit Vogelkopf.
325 mm Spannweite, 5,00 Gramm

Vierflügel-Tandem „Deutsche Einheit".
285 mm Spannweite, 4,60 Gramm

„Schräger Otto", asymmetrisches Flugobjekt.
440 mm Spannweite, 3,70 Gramm

100 Jahre Menschenflug „Homo anas" mit Schubmotor.
365 mm Spannweite, 4,70 Gramm

„Pfusch 3", asymmetrisches Flugobjekt.
260 mm Spannweite, 2,90 Gramm

Die kleinsten Flugobjekte der Welt (Guinness-Buch).
Doppeldecker, 50 mm Spannweite, 0,35 Gramm
Gleiter, 10 mm Spannweite, $2^{1}/_{2}$ µg

Mini-Mini-Dreidecker, Propeller aus Joghurtbecher.
70 mm Spannweite, 0,80 Gramm

Kleinstes Gleitflugmodell der Welt.
10 mm Spannweite, $2^1/_2$ µg (Foto: P. Pretscher)

Delta mit Schubmotor.
290 mm Spannweite, 2,55 Gramm

„Kufenvogel" – Porträt

„Papageier" – Porträt

Bunter Vogel auf der Helling

(Fortsetzung von Seite 44)

A   B

vergrößert dargestellt

C   D

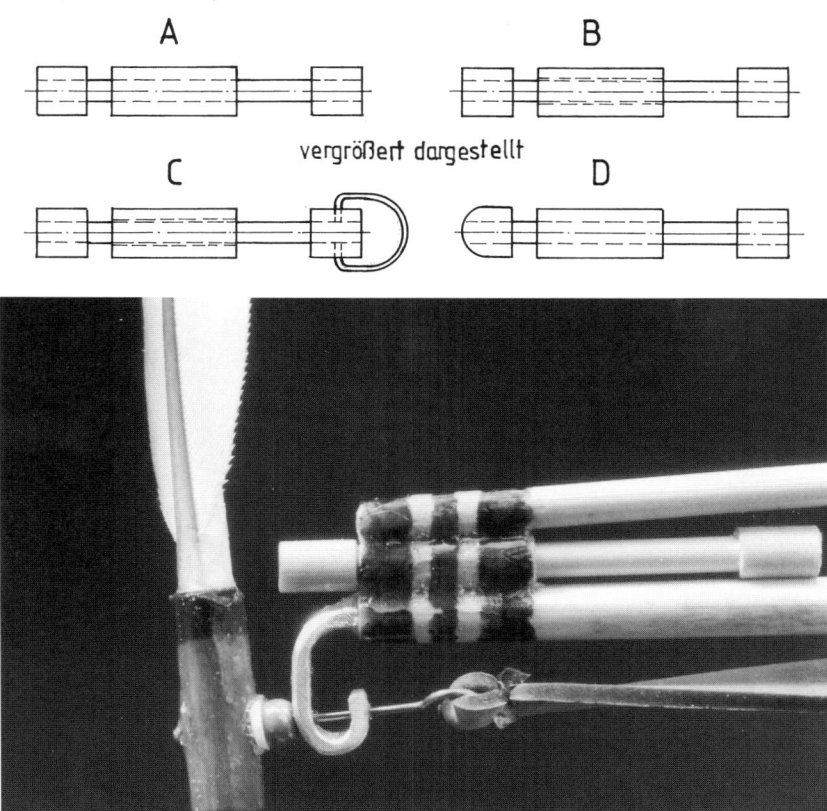

Propellerfeststeller auf Rumpf mit Montagekreuz und Verstärkungshalm, in Ruhestellung

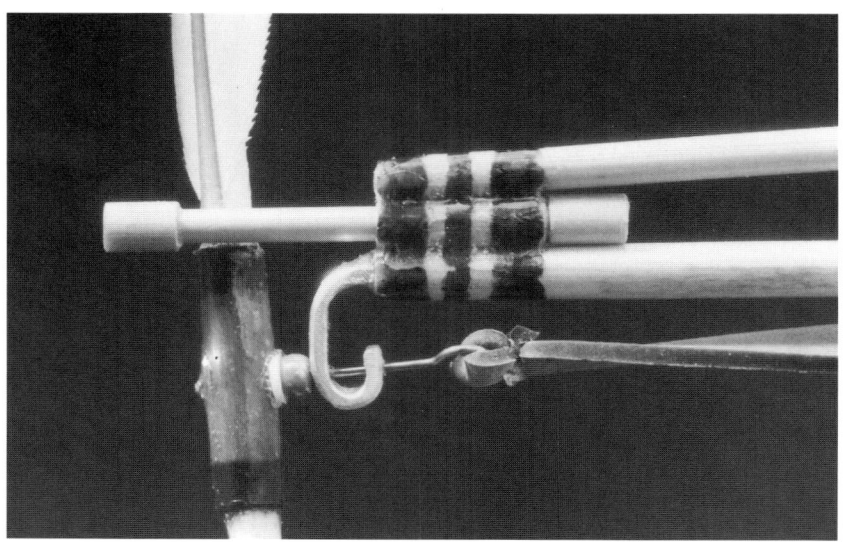

Propellerfeststeller auf Rumpf mit Montagekreuz und Verstärkungshalm, in Stop-Position

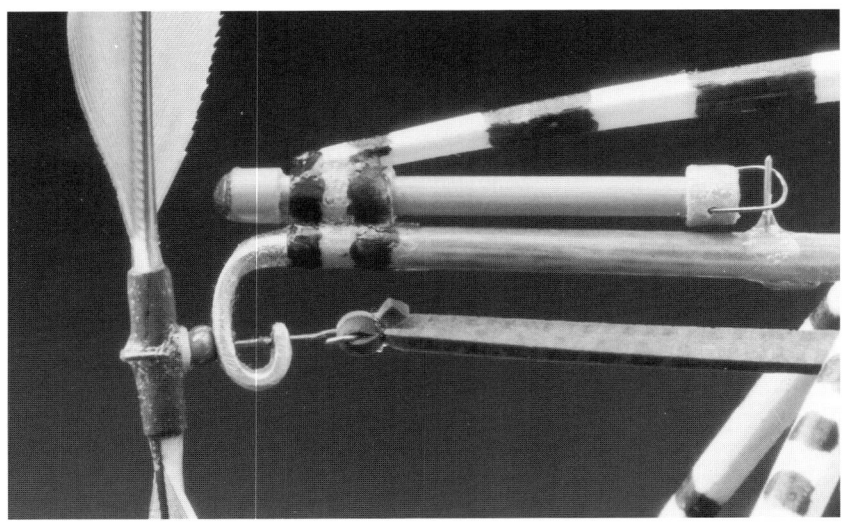

Propellerfeststeller mit Sicherungsbügel auf Rumpf mit Baldachin und Verstärkungsfederkiel, in Ruhestellung

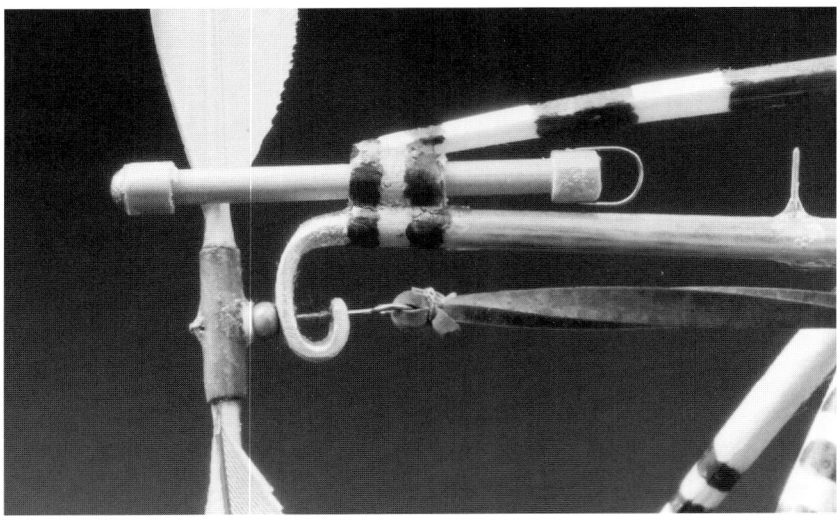

Propellerfeststeller mit Sicherungsbügel auf Rumpf mit Baldachin und Verstärkungsfederkiel, in Stop-Position

Anfertigung

Der Propellerfeststeller besteht aus zwei Hauptteilen: der Führungsbüchse und dem Schiebestab.

Die Führungsbüchse entspricht grundsätzlich der unter Teil 2 beschriebenen Schiebebüchse und ist etwa 6 bis 8 mm lang. Als Schiebestab dient ein ca. 25 mm langes Stückchen Grashalm, welches, je nach Verwendungszweck, zügig oder lose in die Büchse eingepaßt wird. Damit der Schiebestab nicht aus der Führungsbüchse rutschen kann, erhält er an beiden Enden eine Verstärkung. Diese besteht entweder aus Hartkleber-Leimmuffen oder aufgeschobenen und verklebten kurzen Grashalm-Stückchen.

Der Universal-Feststeller hat am hinteren Ende einen kleinen Sicherungsbügel aus dünnem Stahldraht.

Der Haltestift aus Stahldraht ist im Grashalmrumpf verankert.

Teile 8 bis 8c   Schleppkupplung für Rümpfe I, II, IV, V

Werkstoffe   Federkiel oder Stahldraht, Hartkleber

Werkzeuge   Schere, Seitenschneider, Flachzange, Rundzange, Sandpapier (100/120), Schmirgelpapier (150)

Beschreibung

Die Schleppkupplung dient zur Aufnahme des „Schleppseiles" für den Seglerschlepp. Je nach Flugmodelltyp und Propellerdrehrichtung sind der richtige Kupplungspunkt und die beste Kupplungsart sehr verschieden. Näheres hierüber ist unter „Flugzeugschlepp" ausführlich erläutert. Nachfolgend werden vier verschiedene Kupplungen beschrieben.

Anfertigung

Teil 8   Hakenkupplung aus Federkiel

Diese Kupplung besteht lediglich aus einem mit der Schere abgeschnittenen dünnen, ca. 10 mm langen Stückchen Federkiel, welches am Rumpfende, leicht schräg nach oben zeigend und nach vorne offen, mit Hartkleber befestigt wird.

Teil 8a   Hakenkupplung aus Stahldraht

Ein Stückchen Stahldraht, 0,4 mm stark o. ä., wird zu einem kleinen Haken mit zwei ca. 6 mm langen Schenkeln gebogen. Der eine Schenkel wird zur Hälfte am entsprechenden Punkt des Flugmodells (siehe unter „Flugzeugschlepp") in den Federkiel eingedrückt. Der zweite Schenkel zeigt in Flugrichtung. Mit Hartkleber wird der Haken fixiert.

Diese Kupplung ist verwendbar als *Schwerpunkt-Kupplung* und im Bereich zwischen Schwerpunkt und Heck.

Teil 8b   Spießkupplung aus Federkiel

Diese Kupplung besteht aus einem ca. 20 mm langen Stück Federkiel, und zwar vom starken Ende desselben. Man verwendet dazu am besten eine kleine Feder mit geringem Kieldurchmesser. Bei entsprechender Konstruktion wird die Spießkupplung als Schwerpunkt-Kupplung verwendet. Man rauht das benötigte Stückchen Material mit Sandpapier auf und schneidet es mit der Schere zu.

Mehr über die Anbringung wird unter „Flugzeugschlepp" gezeigt.

Teil 8c   Testkupplung aus Stahldraht

Der optimale Kupplungspunkt am Schlepp-Motor-Flugmodell kann mit dieser variablen Kupplung leichter ermittelt werden. Man steckt sie einfach probeweise irgendwo ein und macht dann Schleppversuche. Hat man die richtige Stelle gefunden, dann kann man eine dauerhafte Kupplung dort anbringen. Die Testkupplung besteht aus einem Stückchen Stahldraht (ca. 0,4 mm), das man in nachstehend gezeigte Form biegt.

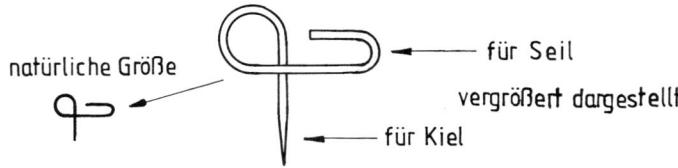

Teil 9 Stoßpuffer für Rümpfe III

Werkstoffe Federkiel, Grashalm oder Papier, Gummi, Gummikleber, Hartkleber
Werkzeuge Messerfeile, Schere, Sandpapier (100/120)

Beschreibung

Bei Enten-Flugmodellen ist der Endhaken für den Gummimotor an der Spitze des Rumpfes angebracht. Damit der Haken bei einem Anprall im schnellen Fluge keinen Schaden anrichten kann und auch zum Schutz vor Verbiegungen des Hakens, kann man über ihm einen Stoßpuffer anbringen.

Anfertigung

Der Stoßpuffer besteht aus einer Büchse, wie unter Teil 2 beschrieben, in die man ein passendes Stückchen Gummi mit einem dazu geeigneten Kleber einleimt. Der fertige Puffer wird dann so auf der Rumpfspitze angeklebt, daß das elastische Gummiteil schützend über den Endhaken hinausragt.

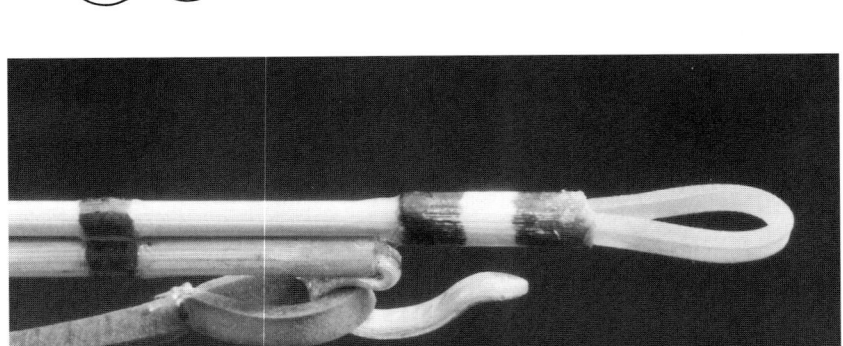

Stoßpuffer und Endhaken an einem verstärkten Entenmodell-Rumpf

Teil 10 Gummidurchlaß für Rümpfe I–V

Werkstoffe Gänsefederkiel, Schilfrohr oder Taubenfederkiel, Hartkleber
Werkzeuge Messerfeile, Schere, Sandpapierfeile (60/80), Sandpapier (100/120)

Beschreibung

Überall dort, wo aufgrund der vorgesehenen Konstruktion ein Gummimotor überbrückt werden muß, ist ein Gummidurchlaß nötig. Bei Rümpfen I–IV wird er nur gebraucht bei Ausführung als Tiefdecker, Doppeldecker usw. Rümpfe V jedoch müssen stets mit einem Gummidurchlaß versehen werden, weil hier weder der Leitwerksträger noch der Tragflügel direkt auf der Schiebebüchse befestigt werden können.

Anfertigung

Gummi-Durchlaß aus Gänsefederkiel

Wie bei der Schiebebüchse (Teil 2) wird der Federkiel zunächst mit der groben Sandpapierfeile (60/80) aufgerauht. Da er eine kräftige Wandung hat, kann er dann leicht mit der Messerfeile an der entsprechenden Stelle eingekerbt werden. Dabei dreht man den Federkiel ständig, bis sich das benötigte Stück ablöst. Anschließend wird dieses Teil mit der Sandpapierfeile sauber verputzt und mit Hartkleber so auf die Schiebebüchse geklebt, daß später der Gummimotor problemlos durchlaufen kann. Das erreicht man am besten auf folgende Weise: Man fädelt zunächst den Durchlaß auf ein Stückchen Gummi oder Faden, welches man dann sowohl am Propellerlager als auch am Endhaken befestigt. Erst dann klebt man ihn mit Hartkleber auf die Schiebebüchse und richtet ihn so aus, daß der Gummi oder Faden sauber in der Mitte hindurchläuft. Ist die Klebestelle trocken, dann wird noch um den ganzen Durchlaß herum zur Verstärkung Hartkleber aufgebracht.

Gummi-Durchlaß aus Schilfrohr

Sinngemäß genau wie vorher

Gummi-Durchlaß aus Taubenfederkiel

Zwei flache Federkielstücke werden beiderseits der Schiebebüchse angeklebt. An ihrem freien Ende kann man später den Tragflügel befestigen. Vor der Verleimung werden die Teile, wie immer, mit Sandpapier angerauht.

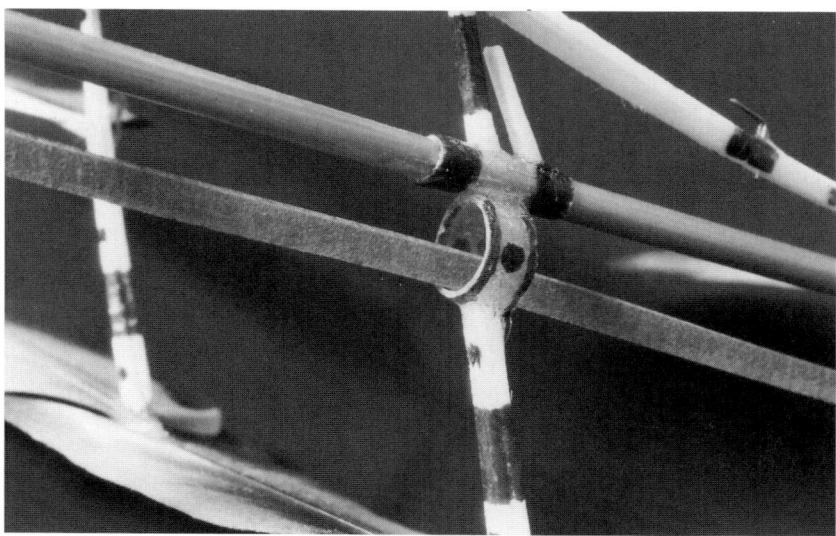

Doppeldecker-Herzstück mit einfachem Gummidurchlaß aus Gänsefederkiel. Auf der Schiebebüchse über dem Durchlaß: Vorne eine Strebe, dahinter Kupplung SK. Darüber, auf dem Leitwerksträger, Stahldraht-Kupplung SKO

Teil 10a   Doppel-Gummidurchlaß für Rümpfe I–V

Werkstoffe   Gänsefederkiel, Schilfrohr oder Taubenfederkiel, Hartkleber

Werkzeuge   Messerfeile, Schere, Sandpapierfeile (60/80), Sandpapier (100/120)

Beschreibung

Wenn es die Konstruktion erfordert, so kann ein Doppel-Gummidurchlaß nötig sein.

Anfertigung

Es werden entweder beidseitig des Grashalmes je eine Gänsefederkiel- oder Schilfrohrbüchse, wie vor beschrieben, angebracht, oder die zwei flachen Taubenfederkielstücke werden so lange gewählt, daß sie auf beiden Seiten als Gummidurchlaß dienen können. Man ordnet dabei die Federkiele am besten so an, daß ihre natürliche leichte Biegung nach außen zeigt, damit genügend Zwischenraum für den Gummimotor vorhanden ist. Wenn nötig, kann man die beiden Kielstücke auch erst etwas einknicken. Die Be- und Verarbeitung erfolgt wie unter Teil 10 beschrieben.

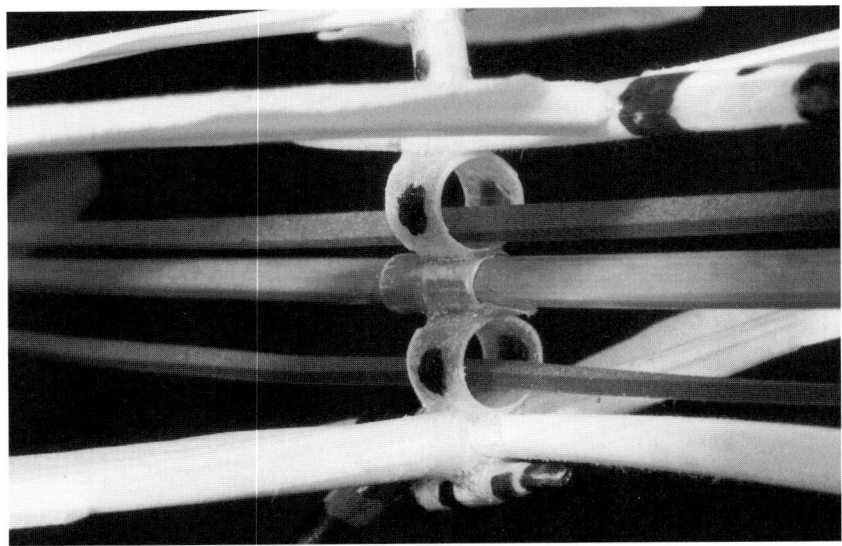

Doppelter Gummidurchlaß aus Gänsefederkiel bei einem Rumpf mit Zug-Schub-Motor

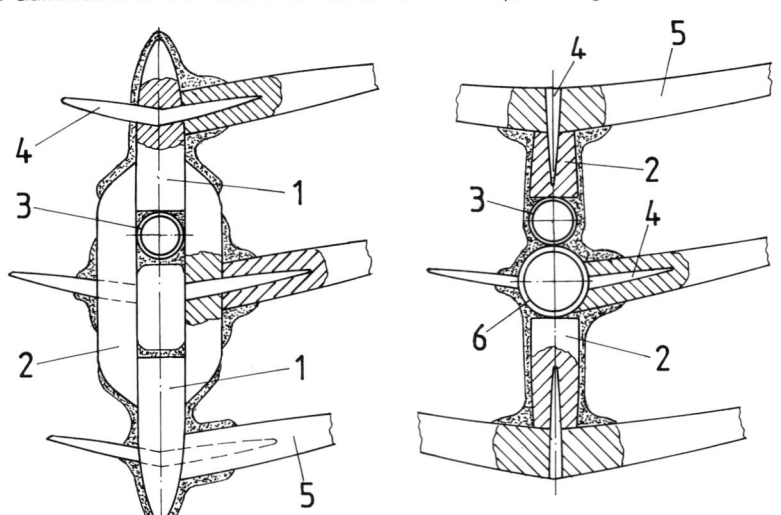

Herzstücke für Mehrdecker
1 Kiel-Spule 4 Federkiel-Dübel
2 Kiel-Schaft 5 Tragflügelholm
3 Schiebebüchse 6 Gummidurchlaß

Herzstück mit Gummidurchlaß bei einem Dreidecker

Teil 11 Verstärkungshalm für Rümpfe II

Werkstoffe Grashalm, Tesakrepp oder Tesafilm, Federkiel, Hartkleber
Werkzeuge Messerfeile, Sandpapier (100/120), Schere

Beschreibung

Bei Rumpflängen ab 260 mm und bei Verwendung von stärkerem Gummi ist es nötig, den Rumpf mit einem zweiten Grashalm im Bereich zwischen Motorlager und Schiebebüchse zu verstärken. Das macht man jedoch erst nach dem Einfliegen, wenn der Schwerpunkt festliegt und damit der endgültige Sitz der Schiebebüchse bekannt ist. Ohne Versteifung des Rumpfvorderteiles könnte sich nämlich der einfache Grashalm bei starker Belastung durch den gespannten Gummimotor evtl. durchbiegen und damit die Zugrichtung der Luftschraube am Beginn des Fluges negativ beeinflussen.

Anfertigung

Auf den normalen Halm (Teil 1) wird ein zweiter Grashalm aufgesetzt. Er verläuft von der Rumpfvorderkante oder vom Propellerfeststeller-Ende bis zur Schiebebüchse. Falls er leicht gebogen ist, wird er so verwendet, daß der „Bauch" nach unten zeigt. Der Verstärkungshalm wird durch Federkielstücke und Hartkleber-Leimmuffen mit dem vorhandenen Halm verbunden. Man geht dabei folgendermaßen vor: Zuerst teilt man die Länge des Zusatzhalmes z. B. in drei gleich große Felder ein. Hierdurch ergeben sich vier Verbindungsstellen, je eine am Anfang und am Ende des Halmes sowie zwei dazwischen. Alle vier Verbindungsstellen sowohl am Normalrumpf als auch am Verstärkungshalm werden mit Sandpapier sorgfältig ca. 5 mm breit aufgerauht. Dann verbindet man beide Halme provisorisch an drei Punkten mit Tesakrepp oder Tesafilm und richtet sie sauber aus. Ist dies geschehen, so sticht man mit dem Bohrdorn (ca. 0,6 mm) feinfühlig mit drehenden Bewegungen an den beiden mittleren Verbindungsstellen von oben nach unten durch beide Halme ein kleines Loch und steckt dadurch sofort ein passendes, dünnes Stückchen Federkiel, welches man zunächst unten und oben herausragen läßt.

Die vordere und hintere Leimstelle fixiert man mit Tesakreppstreifen. Wenn nun beide Halme ohne Zwischenraum sauber parallel ausgerichtet übereinanderliegen, dann kann um alle vier Leimstellen eine satte Hartkleber-Leimmuffe herumgeführt werden. Sollte die erste Leimung zu dünn ausgefallen sein, so kann man nach kurzer Pause nochmals Kleber rundum auftragen. Nach einigen Stunden, wenn der Leim gut ausgetrocknet ist, können die Tesa-Streifen abgenommen werden. Die überstehenden Teile der Federkielverbindungsstücke werden mit der Schere abgeschnitten und mit Sandpapier verputzt.

Zusammenbau der Rümpfe I–V

Grundsätzliches

Die Montage erfolgt stets nach den laufenden Nummern der jeweils benötigten Teile.
Alle Verbindungsstellen mit Sandpapier anrauhen!
Geklebt wird mit Hartkleber.
Alle zu verklebenden Teile werden mit einer Leimmuffe ummantelt.

Das Einkleben des Propellerlagers bei den Rümpfen I–IV

geschieht wie folgt:
1. Man probiert, ob das fertige Teil an der vorgesehenen Stelle in den Grashalm paßt.
2. Die Spitze einer Hartkleber-Tube wird direkt an die Grashalmöffnung gedrückt und ein paar Sekunden lang Kleber in den Halm eingespritzt.
3. Das Propellerlager wird so weit in den Grashalm eingeschoben, bis es einwandfrei sitzt. Es schaut dann normalerweise noch ca. 5 mm nach vorne heraus.
4. Nun hält man das im Grashalm sitzende Lager so zwischen Daumen und Zeigefinger, daß der damit verbundene Grashalm nach hinten zeigt, und prüft durch einen visierenden Blick in Augenhöhe, ob der Halm in gerader Richtung vom Lager wegführt. Sollte das nicht der Fall sein, dann dreht man das Lager so im Halm, bis die Richtung stimmt. Wenn der Grashalm einen leichten „Bauch" hat, so muß dieser nach unten, zum später hier verlaufenden Gummimotor zeigen.
5. Zum Schluß wird zur Versteifung um Halm und Lager eine etwa 10 mm breite Leimmuffe gezogen.

Das Einkleben des Endhakens bei Rümpfen I–IV

erfolgt sinngemäß genau so wie beim Propellerlager beschrieben, jedoch genügt hier zum Schluß eine Leimmuffe von ca. 5 mm Breite.

Das Einkleben der Propellerlager und Endhaken bei Rümpfen V

erfolgt im Grunde in der gleichen Reihenfolge wie bei I bis IV beschrieben, jedoch müssen hier gleichzeitig die Stahldraht-Endhaken in den Grashalm mit eingeschoben werden. Dabei ist besonders darauf zu achten, daß die Endhaken so angebracht werden, daß sie die später dort laufenden Propeller nicht behindern.

Damit die dünnen Stahldraht-Endhaken genügend Halt haben und nicht seitlich umkippen, werden sie mit einer über sie gezogenen Hartklebermuffe verstärkt.

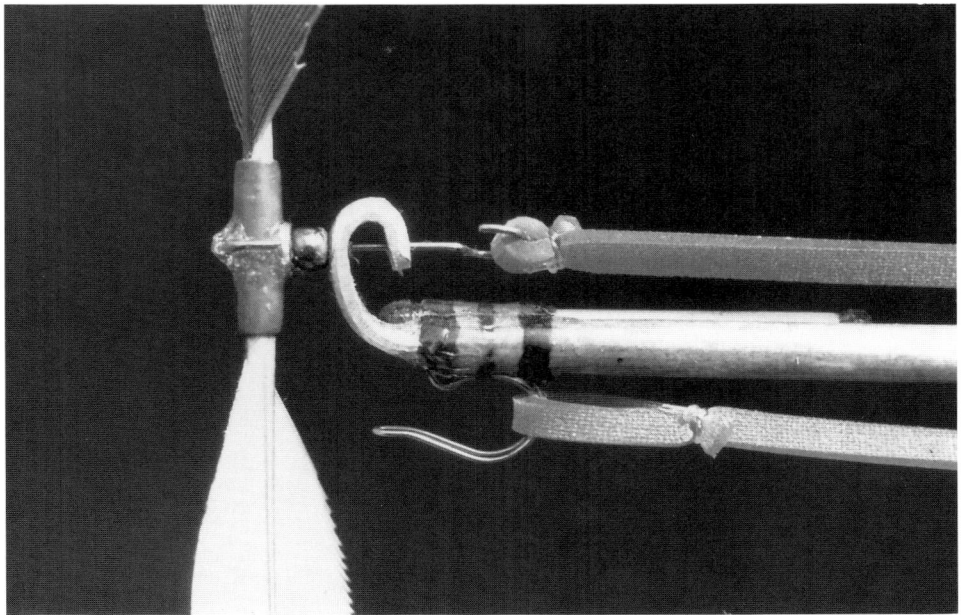

Vorderes Propellerlager und Endhaken 6 A bei einem Rumpf mit Zug-Schub-Motor

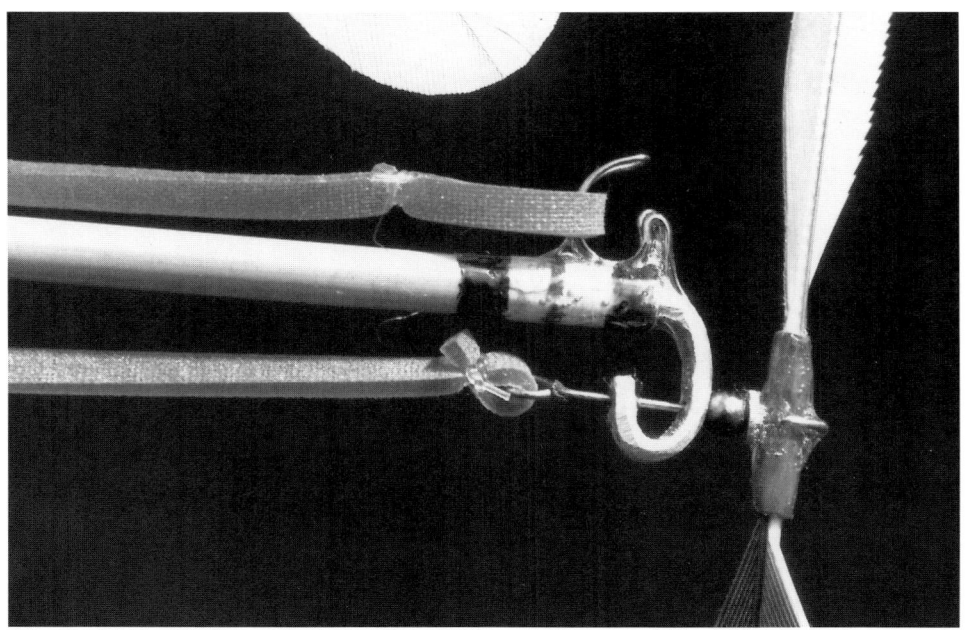

Hinteres Propellerlager und Endhaken 6 B bei einem Rumpf mit Zug-Schub-Motor

B Propeller

Teil	Benennung
1	Nabe
2	Achse
3	Blatt
4	Perle
5	Scheibe

VI Propeller aus Schwungfedern Form A
mit schmalen Blättern und großer Schränkung

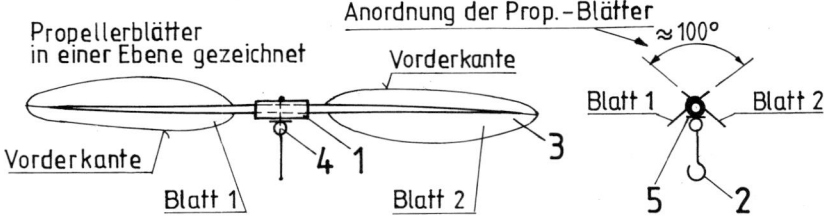

VII Propeller aus Schwungfedern Form B
mit breiten Blättern und kleiner Schränkung

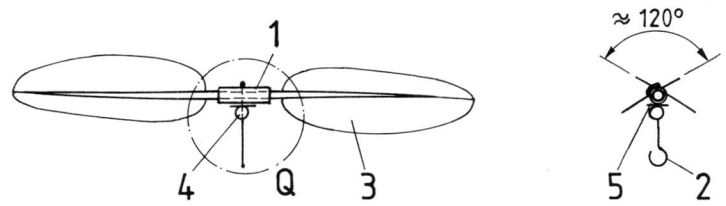

VIII Propeller aus Deckfedern Form D
mit schmalen Blättern und großer Schränkung

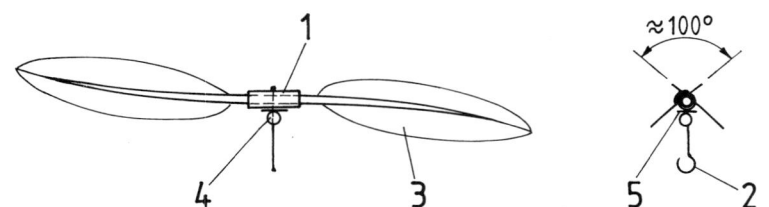

IX Propeller aus Deckfedern Form D mit breiten Blättern und kleiner Schränkung

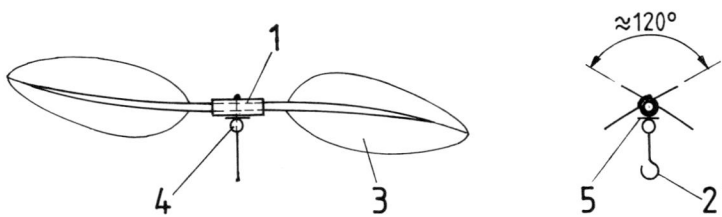

Einzelheit Q

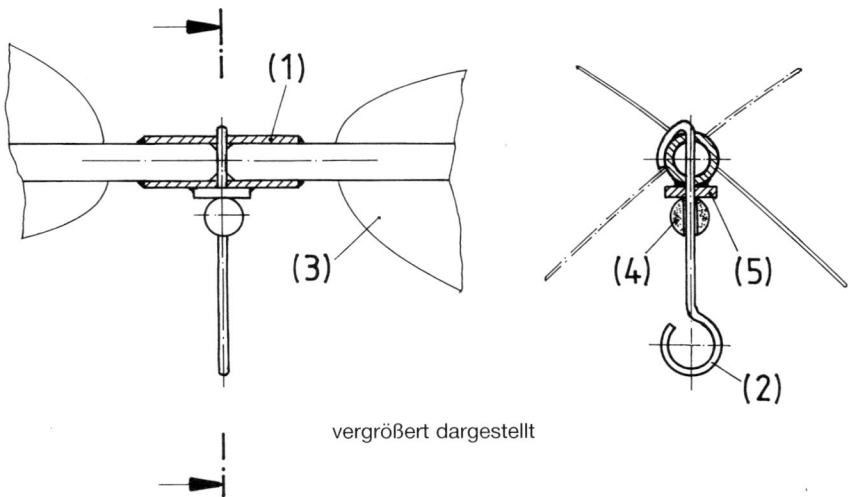

vergrößert dargestellt

Bei den vorstehend unter VI bis IX gezeigten Propellern handelt es sich um bewährte Standard-Propeller-Typen. Den wirklich optimalsten Propeller für ein ganz bestimmtes Flugmodell findet man nur durch experimentieren. Dabei prüft man, welche Blattform, Größe, Schränkung und Gummimotorstärke am besten für den vorliegenden Fall geeignet ist. Der Federpropeller hat drei Vorzüge: Er ist einfach und schnell herzustellen, leicht und schier unverwüstlich im Gebrauch. Er besteht aus einem Mittelstück, der sogenannten Propellernabe, und den zwei Propellerblättern. Für die Nabe verwendet man ein etwa 10 mm langes Stückchen Grashalm. Aus Taubenfedern werden die Propellerblätter zugeschnitten.

Sie haben, je nach Federart, ein mehr oder weniger gewölbtes Profil. Die Umlaufgeschwindigkeit der Propellerblätter ist an der Spitze größer als in Nabennähe. Damit die Zugkraft des Propellers möglichst gleich über das ganze Blatt verteilt ist, sollte die größte Breite desselben bei etwa ⅓ Blattlänge von der Achse aus liegen.

Als Faustregel gilt ferner:
1. Propellerdurchmesser nicht größer als ca. ⅓ der Spannweite des Flugmodells.
2. Schmale Propellerblätter mit großer Schränkung für schnellen Flug.
3. Breite Propellerblätter mit kleiner Schränkung für langsamen Flug und für Steigkraft.

Der Flächeninhalt des Propellers muß mit dem Flächeninhalt des Tragflügels harmonisch in Einklang gebracht werden. Die durch den laufenden Propeller entstehende Rollbewegung um die Längsachse des Flugmodells kann vom Tragflügel nicht mehr kompensiert werden, wenn der Propeller zu groß ist. Sollte der Propeller einmal zu groß geraten sein, so schneidet man ihn einfach mit der Schere etwas kleiner oder schmäler. Je nach Spannweite, Flächeninhalt und Gummimotorstärke kann das Verhältnis des Flächeninhalts zwischen Propeller und Tragflügel etwa 1:8 bis 1:15 betragen – probieren geht über studieren!

Teil 1   Propeller-Nabe

Werkstoffe Grashalm, Hartkleber

Werkzeuge Messerfeile, Sandpapierfeile (120), Bohrdorn (0,4 mm)

Beschreibung

Die Nabe ist das Mittelstück des Propellers. Sie verbindet die Propellerachse mit den Propellerblättern. Je nach Größe des Propellers ist sie etwa 10 bis 15 mm lang. Ihr Innendurchmesser richtet sich nach der Schaftstärke der zur Verwendung kommenden Propellerblätter.

Anfertigung

Man nimmt einen Grashalm mit möglichst kräftiger Wandung und probiert, ob die Schäfte der Propellerblätter leicht, aber gut geführt hineinpassen. Der geeignete Halm wird mit Sandpapier leicht angerauht und seine Vorderkante mit der Sandpapierfeile geradegeschliffen. Dann setzt man, etwa 5 bis 7 mm vom Halmanfang entfernt, den Bohrdorn (0,4 mm) an und bohrt vorsichtig durch die Mitte des Halmes ein waagrechtes Loch; durch dieses steckt man eine fertige Propellerachse. Nun kerbt man den Halm auf der langen Seite 5 bis 7 mm entfernt von der Achse ein, löst die Nabe ab und schleift die Kerbstelle gerade. Um zu verhindern, daß die Nabe später beim Einschieben der Propellerblätter aufplatzt, kann man eine Hartklebermuffe zur Verstärkung um sie legen.

Teil 2   Propeller-Achse

Werkstoffe Stahldraht (0,4 mm o. ä.)

Werkzeuge Seitenschneider, Flachzange, Flachfeile, Rosenkranzzange

Beschreibung

Die Propeller-Achse verbindet den Propeller mit dem Propellerlager.

Anfertigung

Aus Stahldraht, ca. 0,4 mm stark und etwa 20 mm lang, wird die Achse gefertigt. Man richtet das Material gerade aus und biegt dann an einer Seite eine kleine Öse zur Aufnahme des Gummimotors. Das Ende der Öse rundet man mit der Feile ab, damit sich der Gummi dort gut einhängen läßt. Am gegenüberliegenden Ende wird die Achse etwas angespitzt.

Teil 3   Propellerblätter

Werkstoffe Taubenfedern

Werkzeuge scharfe Schere, Sandpapier (100/120)

Beschreibung

Für Propellerblätter können sowohl Schwungfedern als auch Deckfedern verwendet werden.

Da es rechte und linke Federn gibt, kann man auch wahlweise rechts- oder linksdrehende Propeller damit herstellen. Dabei ist die Vorderseite der Federn stets auch die Vorderseite der daraus geschnittenen Propellerblätter. Für schmale Propellerblätter nimmt man schlanke, lange Schwungfedern, für breite Propellerblätter etwas kürzere und breitere. Aus Deckfedern lassen sich sowohl schmale als auch breite Propeller herstellen.

Anfertigung

Zwei gleichartige, formgleiche, dem vorgesehenen Verwendungszweck entsprechende Federn werden an ihren weichen Spitzen um etwa 10 mm mit der Schere gekürzt. Anschließend schneidet man beide Federn auf die gewünschte Länge, also auf die Hälfte des geplanten Propeller-Durchmessers ab. Dort, wo die Propellerblätter später in die Nabe gesteckt werden, reißt man die Federfahnen beidseitig vom Federkiel auf etwa 8 bis 10 mm Länge ab. Den so entstandenen Schaft rauht man mit Sandpapier auf und rundet damit auch die etwas kantige Form so ab, daß er leichter in einen Grashalm eingeführt werden kann.

Zum Schluß wird den Propellerblatt-Rohlingen mit einer scharfen Schere die endgültige Form gegeben. Man schneidet dabei von der Spitze her zum Schaft hin. Durch häufiges Aufeinanderlegen vergleicht man immer wieder, ob beide Blätter die gleiche Form haben.

Zur Endkontrolle legt man sie nebeneinander und prüft mit einem quer darüber gelegten Lineal, ob sie an den gleichen Meßpunkten die gleiche Breite haben. Wenn nötig, wird mit der Schere die Form egalisiert.

Teil 4   Glasperle

Als „Kugellager" zwischen Propellerlager und Propeller dient eine kleine Glasperle, evtl. auch eine kleine Teflonscheibe.

Teil 5   Scheibe

Damit die Glasperle auch auf der Propellerseite eine Auflage hat, kommt zwischen sie und den Propeller eine kleine Scheibe. Man kann sie aus dünnem Alublech oder aus Teflon fertigen.

Zusammenbau der Propeller VI–IX

Zunächst wird die Propellerachse durch die Nabe gesteckt. Dann nimmt man die Nabe zwischen Daumen und Zeigefinger der einen Hand, setzt die Spitze der Hartklebertube mit der anderen Hand an eine Nabenöffnung und drückt Kleber hinein, bis die Nabe fast voll ist. Nun steckt man den Blattschaft eines Propellerblattes etwa zur Hälfte in die Nabe und entfernt, wenn nötig, den auf der Gegenseite austretenden Kleber. Jetzt wird das zweite Propellerblatt halb eingeschoben; die Blätter werden so gedreht, daß sie der Achse gegenüber die gleiche Schränkung haben. Anschließend drückt man sie beide gleichzeitig langsam in die Nabe hinein bis zur Propellerachse. Dabei tritt überschüssiger Kleber aus. Man entfernt ihn z. B. mit einem Zahnstocher. Bevor der Kleber fest wird, muß man überprüfen, ob die Propellerblätter richtig in der Nabe sitzen. Dazu steckt man am besten die Propellerachse in ein Propellerlager und hält das Ganze in Augenhöhe quer vor sich hin. Der Propeller steckt dabei senkrecht auf der Achse, und man wendet nun alles so, daß beide Propellerblätter gleich breit zu sehen sind. Dann dreht man vorsichtig das obere Propellerblatt nach unten.

Erscheint jetzt ein Propellerblatt breiter als das andere, dann sind die Blätter nicht gleichmäßig gegenüber der Achse verschränkt und müssen entsprechend gerichtet werden.

Zum Schluß kommt noch eine Hartkleber-Muffe um die Nabe. Wenn diese trocken ist, zieht man die Propellerachse heraus und beseitigt evtl. überstehende Kleberreste an der Nabe mit einem scharfen Messer.

Montage des Propellers im Propellerlager

Erst wird die Propellerachse von hinten durch das Lager geschoben. Als nächstes werden dann von vorne die Perle, die Scheibe und der Propeller aufgesteckt. Nun wird alles dicht zusammengeschoben und das vorne überstehende Teil der Achse mit der Rosenkranzzange zurückgebogen. Es genügt, wenn der dabei entstehende Haken etwa 3 mm lang ist. Überflüssiges Material wird mit dem Seitenschneider abgezwickt. Mit der Flachzange drückt man den Haken dann so eng zusammen, daß er die Propellernabe dicht umfaßt. Zum Schluß kommt noch etwas Hartkleber hinten zwischen Nabe und Scheibe sowie vorne auf die umgebogene Propellerachse.

Propeller mit Stoßpuffer, Scheibe, Perle, Lager und Feststeller

C Gummimotor

Werkstoffe Flugmodell-Gummi, handelsübliche Querschnitte 1 mm × 1 mm, 4 mm × 1 mm, 6 mm × 1 mm, Perlonfaden (0,30 mm)

Werkzeuge Schere, Flachzange, Meterstab, Gummischneidmaschine

Beschreibung

Der Gummimotor ist eine altbewährte einfache Art, Motorflugmodelle anzutreiben. Probleme tauchen jedoch auf, wenn man für ein bestimmtes Flugmodell einen anderen Gummiquerschnitt braucht als im Fachhandel erhältlich. Dann muß man selbst aus einem Gummistrang (4 mm × 1 mm oder 6 mm × 1 mm) die gewünschte Breite schneiden. Da ich keine Gummischneidmaschine hatte und auch nicht wußte, wo es eine gibt, habe ich meine Gummis auf einer Kartonschneidevorrichtung geschnitten. Mit einem einfachen, in der Stärke verstellbaren Anschlag und einer Gummiklemmvorrichtung kann man so auf $1/10$ mm genau alle Gummibreiten zuschneiden. Inzwischen habe ich eine Lieferanten-Adresse für kleine Gummischneidmaschinen ausfindig gemacht. Sie ist unter „Werkzeuge" aufgeführt. Hat man keine Möglichkeit, den Gummi zuzuschneiden, so baut man die Flugmodelle entsprechend den zur Verfügung stehenden Gummiquerschnitten. Ein handelsüblicher 1 mm × 1-mm-Gummi genügt für einfache leichte Federflugmodelle aller Art. Die nächstmögliche Gummimotorstärke wäre 2mal 1 mm × 1 mm. Das Modell für diesen doppelt so starken Gummiquerschnitt muß schon deutlich größer oder schwerer sein, evtl. auch ein Doppel- oder Dreidecker.

Die Gummimotorstärke muß immer auf die vorhandene Flugmodell-Masse abgestimmt werden. Als Faustregel gilt: kleines oder leichtes Flugmodell = kleiner Gummiquerschnitt, großes oder schweres Modell = großer Gummiquerschnitt. Die optimale Gummistärke für ein bestimmtes Modell bekommt man nur durch entsprechendes Zuschneiden auf $1/10$ mm genau. Die Länge des Gummimotors richtet sich nach der Rumpflänge. Ich mache ihn normalerweise genauso lang wie den Rumpf.

Man kann ihn aber auch jederzeit etwas länger machen. Der fertige Gummimotor hat an jedem Ende eine Schlaufe. Dort, wo er in der Propellerachse eingehängt wird, eine ganz enge, damit er gut festsitzt. Auf der anderen Seite jedoch, wo er zum Aufziehen vom Endhaken genommen wird, ist die Schlaufe etwa 10 mm lang.

Anfertigung

Zunächst nimmt man einen Perlonfaden und macht eine doppelte, gegeneinandergerichtete Schlinge hinein. Also einmal rechts und einmal links herum. Dann zieht man diese Doppelschlinge vorsichtig zusammen auf einen Durchmesser von ca. 5 mm. Nun biegt man ein Ende des vorgesehenen Gummistranges zu einer Schlaufe zusammen, steckt diese durch die Perlonfaden-Doppelschlinge und zieht dieselbe langsam enger zusammen. Dann wird die Gummischlaufe auf die gewünschte Größe (eng oder weit) eingestellt und die Perlonfaden-Schlinge fest zugezogen. Das geht am einfachsten, wenn man das lange, von der Rolle kommende Stück Perlonfaden in der einen Hand hält und das kurze Stück mit der Flachzange fest anpackt. Man zieht gefühlvoll, aber kräftig zusammen und macht zur Sicherung noch einen Gegenknoten. Das überstehende Gummi- und Perlonfaden-Material schneidet man mit der Schere ab.

Pflege des Gummimotors

Er funktioniert zwar auch ungepflegt, jedoch nicht so gut und nicht so lange. Hier einige Tips für die richtige Behandlung:

Man wickelt die Gummifäden am besten auf eine kleine Holz- oder Kartonrolle und lagert sie dann kühl und dunkel, z. B. in einem leeren, verschließbaren Konservenglas.

Vor Verwendung sollte man die evtl. anhaftende Talkumschicht mit Shampoo abwaschen. Aus Shampoo und Glyzerin kann man sich ein Schmiermittel herstellen. Dazu nimmt man einen Teil Shampoo und drei Teile Glyzerin und mischt das Ganze durch kräftiges Schütteln in einem geeigneten Behälter.

D Fahrwerk

Teil	Benennung
1	Fahrwerksbeine
2	Verbindungsdübel
3	Radachse
4	Hartklebermuffe
5	Radscheibe
6	Radnabe
7	Hartklebertropfen

X Zweibeinfahrwerk für Rümpfe I, II, IV

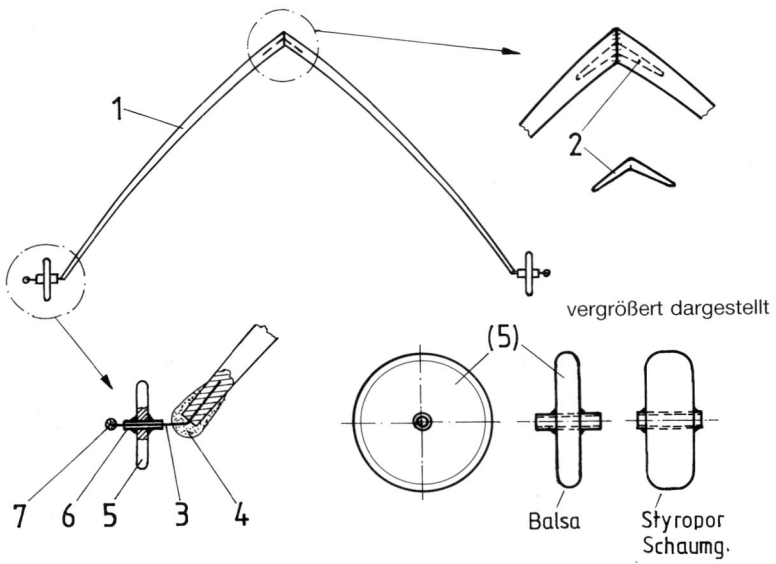

vergrößert dargestellt

Balsa   Styropor Schaumg.

XI Dreibeinfahrwerk für Rümpfe I - V
A) Heckräder für Tragflügelholm-Montage

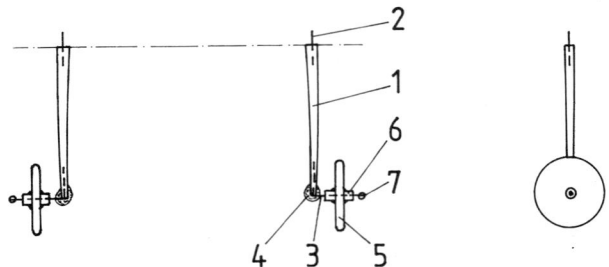

B) Heckräder für Rumpf-Montage

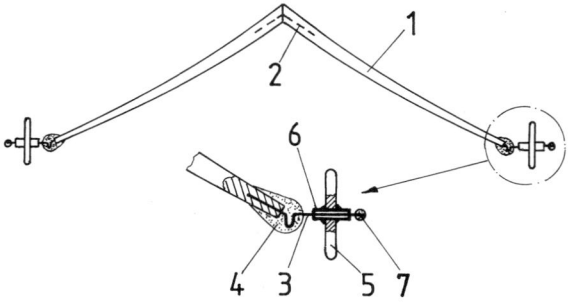

C) Einfach-Bugrad

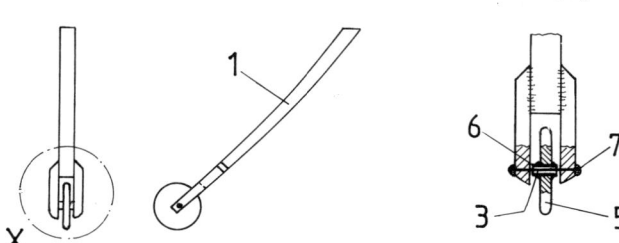

Einzelheit „X"

D) Zwillings-Bugrad

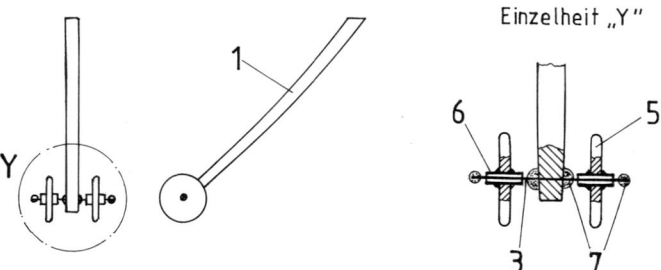

Einzelheit „Y"

Federflugmodelle können bei entsprechender Konstruktion auch ohne Fahrwerk vom Boden aus fliegen. Sie stemmen sich einfach beim Start mit dem Propeller von ihrer Unterlage ab und steigen in die Luft. Trotzdem wird man bei vielen Typen, schon aus Gründen der Gestaltung, auf ein elegantes Fahrwerk nicht verzichten wollen. In bestimmten Fällen ist es auch zur einwandfreien Funktion des Bodenstartes unbedingt nötig. Alle Modelle mit Schub- oder Tandem-Motor können nur mit Fahrwerk vom Boden aus starten. Die vorstehend unter X und XI gezeigten Fahrwerke sind für alle möglichen Flugmodell-Typen geeignet.

Teil 1 Fahrwerksbeine

Werkstoffe Federkiele, Hartkleber
Werkzeuge Schere, Sandpapier (100/120), Bohrdorne 0,4 mm und 1 mm

Beschreibung

Die Fahrwerksbeine bestehen aus Federkielen, Art und Größe richten sich nach der jeweiligen Flugmodell-Konstruktion.

Anfertigung

Mit der Schere werden die Federkiele auf die benötigte Länge zugeschnitten, mit der Sandpapierfeile auf genaue Form geschliffen und an den Leimstellen mit Sandpapier aufgerauht. Um ein evtl. Aufplatzen bei der Bearbeitung mit dem Bohrdorn zu verhindern, kann man vorher Hartkleber-Muffen um die Enden der Federkiele ziehen.

Teil 2 Verbindungsdübel

Werkstoffe Federkiel
Werkzeuge Schere, Sandpapierfeile (100), Flachzange

Beschreibung

Zum Verbinden von zwei Federkielen nimmt man ein passendes Stück aus dem gleichen Material. Da ein Federkiel sich von etwa 3 mm Stärke auf ca. 0,2 mm nach außen hin verjüngt, kann man Verbindungsdübel für jeden Fall damit herstellen. Das Material ist so zäh, daß man es problemlos in jede gewünschte Form knicken kann.

Anfertigung

Ein etwa 20 mm langes, in der Stärke passendes Stück Federkiel wird mit der Schere abgeschnitten und an den beiden Enden mit der Sandpapierfeile angespitzt. Wenn der Verbindungsdübel im spitzen Winkel geknickt werden soll, dann zwickt man ihn am besten mit einer Flachzange an der Knickstelle kräftig zusammen, damit er nicht mehr zurückfedert.

Teil 3 Radachse

Werkstoffe Stahldraht (0,4 mm)
Werkzeuge Seitenschneider, Flachzange, Flachfeile

Beschreibung

Das Rad läuft auf der Radachse und wird durch diese mit dem Fahrwerksbein verbunden.

Anfertigung

Mit dem Seitenschneider wird ein ca. 20 mm langes Stückchen Stahldraht abgezwickt. Man richtet es gerade und spitzt beide Enden mit der Flachfeile etwas an. Da etwa 5 mm der Radachse in das Fahrwerksbein eingesteckt werden, setzt man dort die Flachzange an und winkelt die Achse damit so ab, daß der restliche Teil derselben, welcher das Rad aufnimmt, waagrecht ist. Die Fahrwerksbeine müssen hierbei bereits in ihrer endgültigen Lage am Rumpf oder Tragflügelholm befestigt sein. Die genaue Form der Achse hängt davon ab, wie die Fahrwerksbeine gestaltet sind.

Teil 4 Hartklebermuffe

Die Hartklebermuffe verbindet die Achse fest mit dem Fahrwerksbein und verhindert auch ihr seitliches Wegkippen.

Teil 5 Rad und Teil 6 Radnabe

Werkstoffe Balsaholz (1–2 mm), Styropor oder Schaumgummi (3–4 mm), Grashalm, Hartkleber, Wachs o. ä.
Werkzeuge Locheisen, Sandpapierfeile (100), Schere, Bohrdorn (0,4 mm), Nadelfeile

Beschreibung

Das Rad besteht aus einer Radscheibe und einem in der Mitte quer durchlaufenden Gleitlager aus Grashalm, der Radnabe. Sein Durchmesser beträgt je nach Modellgröße ca. 10–15 mm.

Anfertigung

Die Radscheibe ist am einfachsten mit einem Locheisen entsprechender Größe herzustellen. Bei Balsaholz und Styropor drückt man das Locheisen fest auf das darunterliegende Material und schneidet mit rechts- und linksdrehenden Bewegungen die Radscheibe aus. Bei Schaumgummi stanzt man die Scheibe mit Locheisen und Hammer aus dem Material heraus. Mit dem Bohrdorn (0,4 mm) sticht man ein kleines Loch genau in die Mitte der Radscheibe. Für die Nabe nimmt man ein Stückchen Grashalm, in welches die Achse, leicht aber doch gut geführt, hineinpaßt, und rauht es mit Sandpapier an.

Mit der dünnen Rundfeile erweitert man das Loch in der Radscheibe vorsichtig so weit, daß der Grashalm durchgesteckt werden kann. Er wird so gekürzt, daß er auf beiden Seiten etwa 3 mm übersteht. Die feste Verbindung zwischen Radscheibe und Nabe erfolgt folgendermaßen: In eine Hand nimmt man den der Achsstärke entsprechenden Bohrdorn, steckt darauf das Rad und richtet es aus. Dann setzt man die Spitze der Hartklebertube im Winkel zwischen Rad und Nabe an und bringt den Kleber auf, wobei man das Rad langsam dreht, bis ringsum alles verbunden ist. Nun nimmt man das Rad ab, dreht es um, verklebt die andere Seite und legt es dann vorerst weg. Wenn der Kleber etwas angezogen hat, steckt man das Rad wieder auf den Bohrdorn und prüft durch ständiges Drehen des Rades, ob die Nabe waagrecht in der Scheibe sitzt. Wenn nötig, muß entsprechend korrigiert werden. Ist der Kleber fest, dann schleift man die überstehenden Teile des Gleitlagers mit der Sandpapierfeile vorsichtig so weit ab, daß noch etwa 1 mm beidseitig der Radscheibe hervorsteht.

Zum Schluß werden die Kanten der Balsaholz-Radscheibe mit Sandpapier verputzt, und zum Schutz kann man das Rad mit Wachs o. ä. behandeln. Die Kanten der Styropor- oder Schaumgummi-Radscheiben können mit der Schere etwas ballig geschnitten werden.

Teil 7 Hartklebertropfen

Näheres hierüber kann man dem folgenden Abschnitt „Zusammenbau" entnehmen.

Zusammenbau der Fahrwerke X und XI

Beim Zweibeinfahrwerk werden die Fahrwerksbeine oben im gewünschten Winkel mit der Sandpapierfeile abgeschliffen. Dann sticht man mit dem Bohrdorn (1 mm) ein etwa 10 mm tiefes Loch in beide Teile und verbindet sie mit einem abgewinkelten Verbindungsdübel. Um die Nahtstelle wird eine kräftige Hartklebermuffe geführt. Damit beim Trocknen der Winkel der Fahrwerksbeine sich nicht verändern kann, legt man sie so auf ein Brettchen o. ä., daß die Klebestelle darüber hinausragt. Die auf dem Brett liegenden Teile beschwert man mit Holzklötzchen o. ä. so, daß sich ihr Abstand zueinander nicht verändern kann. Wenn das Zweibeinfahrwerk im richtigen Winkel am Rumpf befestigt ist, dann kann man die Radachsen einkleben. Mit dem Bohrdorn (0,4 mm) sticht man unten in beide Fahrwerksbeine etwa 5 mm tiefe Löcher. Die richtig geformten Radachsen müssen, von oben gesehen, genau fluchten und, von vorne betrachtet, waagrecht liegen. Die Radachsen müssen also in einem bestimmten Winkel gebogen werden. Die richtige Knickung findet man nur durch Probieren. Dazu stellt man das Modell mit beiden Fahrwerksbeinen und dem Rumpfende auf eine ebene Fläche. Paßt alles genau, dann kommt um die Verbindungsstellen eine satte Hartklebermuffe.

Wenn der Kleber etwas angezogen hat, prüft man vorsichtshalber nochmal, ob die Achsen richtig sitzen.

Da diese Muffe die Achse nicht nur im Fahrwerksbein halten, sondern auch gegen seitliches Verdrehen schützen soll, ist es von Vorteil, sie nach Trocknung durch einen zweiten Kleberauftrag zu verstärken. Bevor das Rad montiert wird, muß man noch evtl. die Hartklebermuffe mit der Flachfeile rund um die Achse begradigen, damit das Gleitlager dort einwandfrei laufen kann. Dann wird das Rad aufgebracht und probiert, ob es leicht läuft. Anschließend kürzt man die Achse mit dem Seitenschneider so, daß noch etwa 3 mm über das Rad hinausragen. Das Rad wird nun wieder abgenommen. Die Radachse klemmt man jetzt kräftig zwischen die Backen der Flachzange, und zwar so, daß etwa 1,5 mm des Achsenendes darüber hinausschauen. In dieses überstehende Stück macht man mit der Messerfeile rundum einige Kerben als Halt für den Klebertropfen. Dann kann das Rad endgültig auf die Achse geschoben werden, und auf das eingekerbte Achsende kommt ein Hartklebertropfen, welcher nach Trocknung dafür sorgt, daß das Rad gut gesichert ist.

Der Zusammenbau der Heckräder A und B für das Dreibeinfahrwerk erfolgt sinngemäß genau wie vor beschrieben. Beim einfachen Bugrad C wird die Achse durch Hartklebertropfen an beiden Enden fixiert.

Beim Zwillings-Bugrad D muß die Achse in der Mitte, wo sie aus dem Fahrwerksbein herauskommt, mit der Messerfeile eingekerbt und mit zwei Hartklebertropfen fixiert werden.

Kapitel 2   Tragwerk

Allgemeines

Der Bau von Tragflügeln und Leitwerken ist eine einfache Sache, weil diese Teile, als Bausatz der Natur, so gut wie fertig zur Verfügung stehen. Man braucht sie praktisch nur entsprechend abzulängen, zusammenpassen und verkleben. Wenn nötig, werden ihre Konturen mit der Schere korrigiert.

Federarten und Federformen

1. **Schwungfedern,** die Federn vom Taubenflügel sind leicht nach hinten gebogen und haben, je nach Länge, eine mehr oder weniger schlanke Form. An der Spitze sind sie aerodynamisch geschränkt. Ihre *Bezeichnungen* sind *Form A, B und C.*

Taubenfedern für rechte Tragflügel oder Leitwerke

Federkiele obenliegend			Federkiele untenliegend				
Form A	Form B	Form C	Form D schmal	Form D breit	Form E schmal	Form E breit	Form F mittig
Schwungfedern	Schwungfedern		Deckfedern	Deckfedern	Schwanzfedern	Schwanzfedern	Schwanzfedern

2. **Deckfedern** werden die am Übergang vom Taubenflügel zum Körper liegenden Federn genannt. Sie sind nach hinten gebogen, ihre Form ist lang oval. Die *Bezeichnung* ist *Form D*.

3. **Schwanzfedern:** Die Federn des Taubenschwanzes haben gerade bis leicht gebogene Kiele und sind ungefähr trapezförmig.

   Die seitlichen, asymmetrischen, haben die *Bezeichnung Form E, die mittleren*, symmetrischen, die *Bezeichnung Form F*.

Federprofile

Obwohl ich kein Fachmann für Aerodynamik bin, möchte ich trotzdem versuchen, Gründe für die ausgezeichneten Flugeigenschaften der „Federleichten" zu finden. Da mir die Möglichkeit einer exakten Prüfung leider fehlt, sind meine Überlegungen allerdings nur reine Vermutungen, Tatsache ist lediglich die einwandfreie Funktion aller Flugobjekte.

Folgende Gegebenheiten dürften dabei eine Rolle spielen:

1. Die dünnen, spitzen Nasen der Federprofile sowie der freiliegende „Hauptholm", der Federkiel, erzeugen Luftwirbelpolster, welche die Räume hinter Nase und Kiel ausfüllen.
2. Die dicht nebeneinanderliegenden Federäste führen in Winkeln zwischen ca. 30 bis 50° vom Kiel weg und geben der Feder, dem „Tragflügel", eine diagonal verlaufende, leicht geriffelte Oberflächenstruktur.

Beide Punkte dürften zu einer turbulenten Strömung führen.

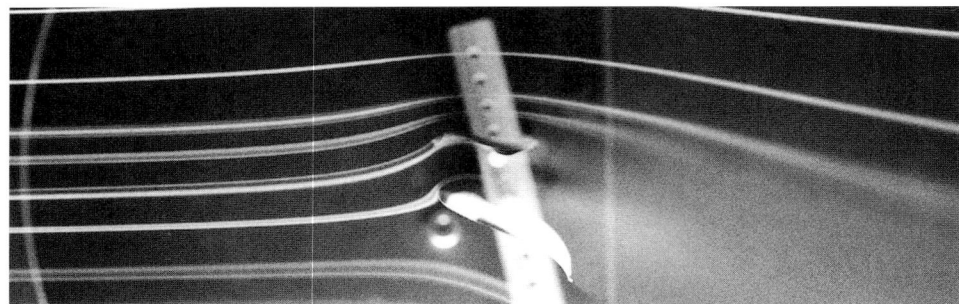

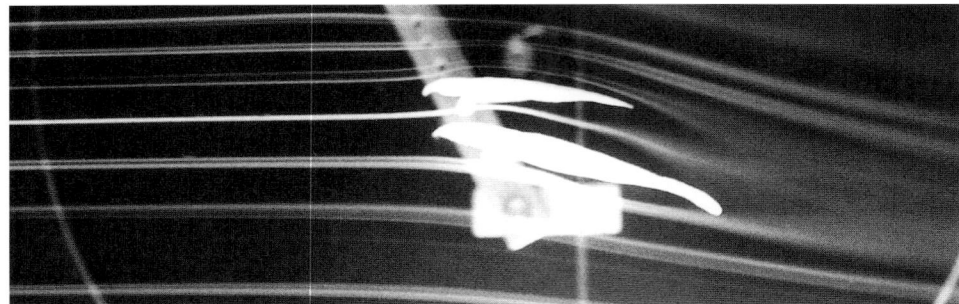

Jugend forscht 1996
Taubenfeder-Tragflügel im Rauch-Windkanal von Andreas Gwosdz, Erlangen.

Die bisherigen Erfahrungen haben gezeigt: Je kleiner ein Flugmodell ist, um so schwieriger wird es, einen stabilen Flugzustand zu erreichen. Für eine einwandfreie Funktion sind sehr dünne Profile und breite Tragflügel Voraussetzung. Mein kleinstes Gleitflugmodell hat 10 mm Spannweite, eine Flügelstreckung von 1:2, und das Flügelprofil ist ca. 1/10 mm stark.

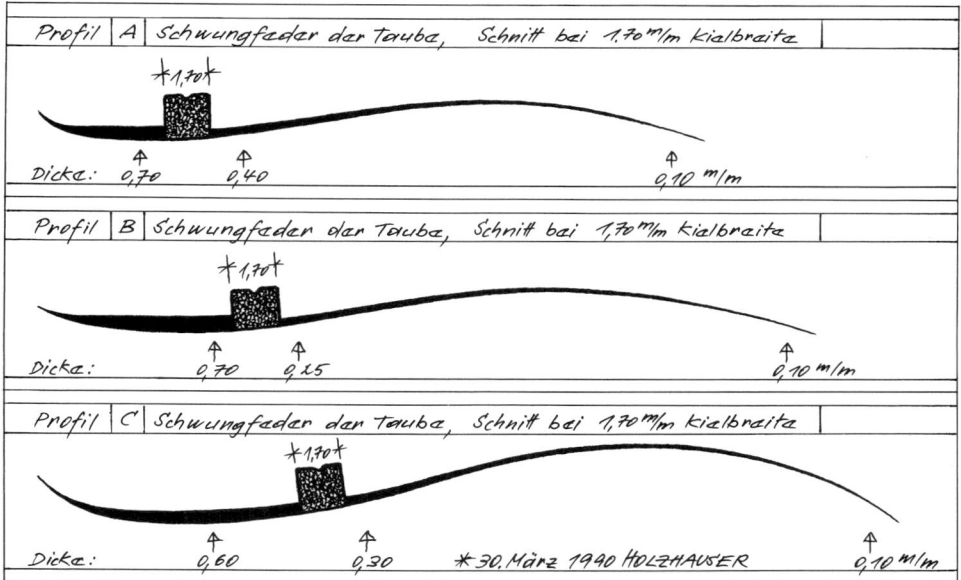

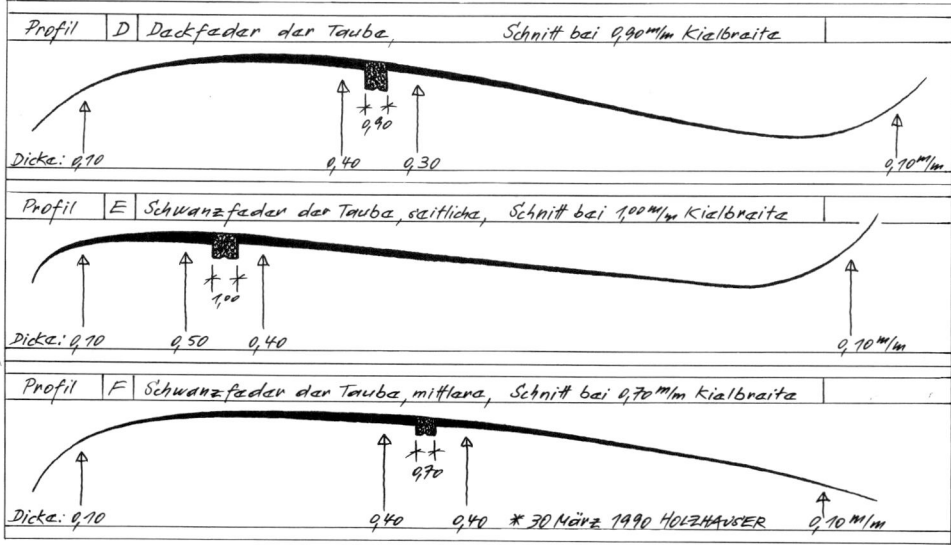

Federprofile, Naturformen (vergrößert dargestellt)

Profilbezeichnungen

Die Profil-Bezeichnungen entsprechen den Federn-Form-Bezeichnungen. Der *Zusatz „Z"* bedeutet, daß das Profil *zugeschnitten* wurde. *Der Zusatz „UZ"* bedeutet, Profil *umgedreht* und *zugeschnitten*. Die Profile haben verschiedene Eigenschaften. Es gibt flache „schnelle" und stärker gewölbte „langsame" Profile.

Schnelle Profile sind die Formen A, AUZ, BUZ, EZ, FZ. Die Formen C, CZ, D, DZ sind stärker gewölbte, langsamere Profile. Es gibt Profile, welche man verwenden kann „wie gewachsen" und solche, welche erst entsprechend zugeschnitten werden müssen.

Profil	Art der Verwendung	Lage des Kieles
A	Naturform	oben
AUZ	umgedreht, hinten zugeschnitten	unten
B	Naturform	oben
BUZ	umgedreht, hinten zugeschnitten	unten
C	Naturform	oben
CZ	vorne zugeschnitten	oben
CUZ	umgedreht, hinten zugeschnitten	unten
D	Naturform	unten
DZ	hinten zugeschnitten	unten
EZ	beiderseits zugeschnitten	unten
F	Naturform	unten
FZ	beiderseits zugeschnitten	unten

Vereinfacht dargestellte Federprofile

Vereinfacht dargestellte Feder-Kombi-Profile

Kombi-Flügel

Vorflügel

Wenn bei Flügel-Kombinationen der vordere Flügel wesentlich schmäler ist als der Haupt-Tragflügel, so wird er Vorflügel genannt. Im Verhältnis zum Hauptflügel hat der Vorflügel immer einen negativen Einstellwinkel. Das hat zur Folge, daß auch bei sehr großen Anstellwinkeln die Strömung am Hauptflügel noch anliegt. Hauptflügel und Vorflügel werden mit einer Federkielstrebe verbunden.

Spaltflügel

Sind bei Flügel-Kombinationen vorderer und hinterer Flügel nahezu gleich breit, dann handelt es sich um einen Spaltflügel. Auch hier hat der Vorderflügel einen kleineren Einstellwinkel als der hintere, und das Verhalten bei großen Anstellwinkeln ist ähnlich wie bei Tragflügeln mit Vorflügel. Die beiden Flügelpaare eines Spaltflügels werden mit einer Federkielstrebe verbunden.

Tragflügel mit Vorflügel sowie Spaltflügel haben einen größeren Flächeninhalt und somit eine geringere Flächenbelastung. Sie sind daher besonders gut für Langsamflug geeignet.

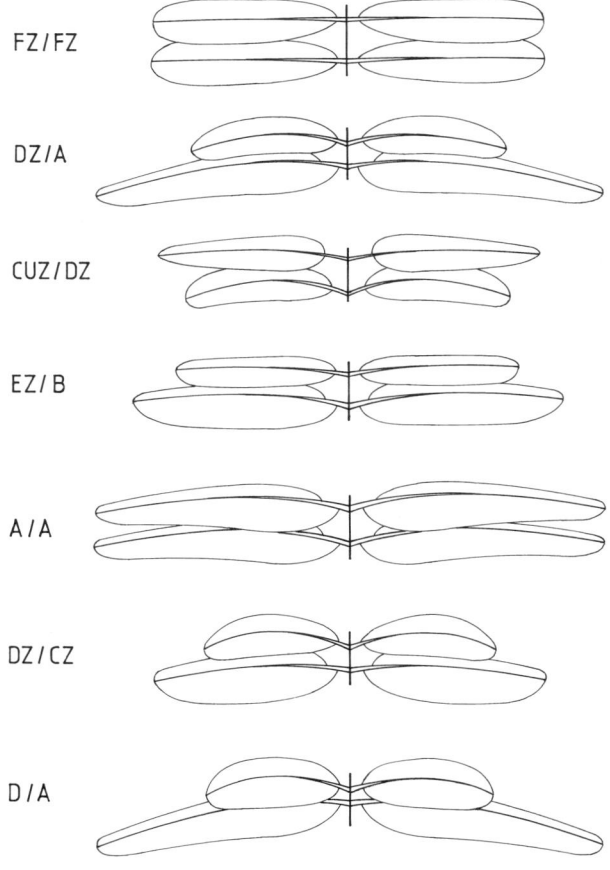

Kombi-Flügel
Bei Vor- und Spaltflügeln hat das vordere Flügelpaar immer den kleineren Einstellwinkel.

Trimmruder

Zusätzliche kleine Federflächen werden Trimmruder genannt. Als Trimm-Querruder sitzen sie entweder an den Flügelstreben eines Doppeldeckers oder unmittelbar am Rumpf, in Nähe des Schwerpunktes. Für die Höhenruder-Feintrimmung werden sie am Rumpfende unmittelbar unter dem Seitenleitwerk angebracht. Die Einstellung der Querruder erfolgt durch das Verdrehen des Federkieles, die des Höhenruders durch kleine Einkerbungen im Federkiel.

Querruder an Doppeldecker-Strebe, oberer Tragflügel mit Vorflügel

Feder-Verbindungen

Zwei normale Schwungfedern ergeben eine Spannweite von etwa 25 cm bis 30 cm. Wenn man größere Tragflügel will, muß man mehrere Federn der gleichen Art, Form und Größe miteinander verbinden. Da sich der Federkiel zur Federspitze hin verjüngt, kann sein dünnes Ende jeweils in den dickeren Kielanfang der nächsten Feder eingesteckt werden. Den Steckzapfen am dünneren Kielende der einen Feder macht man ca. 5 mm lang. In den dickeren Kielanfang der anderen Feder wird mit dem Bohrdorn ein passendes Loch eingestochen. Mit dieser Bauweise kann man Tragflügel mit Spannweiten bis 100 cm und Flügelstreckungen bis 1:100 verwirklichen. Dazu werden dann allerdings bis zu 20 Federn benötigt.

Um sich mit dieser Technik richtig vertraut zu machen, fängt man jedoch erst einmal klein an. Mit zwei Paar Schwungfedern kommt man auf ca. 40 cm und mit drei Paar auf etwa 50 cm Spannweite. Normalerweise ist ein Tragflügelholm an der Wurzel am stärksten und am Flügelende am schwächsten. Ein Federkiel-Steckholm kann ähnlich gestaltet werden durch entsprechende Stückelung der verwendeten Einzelfedern.

Ein Kette ist so stark wie ihr schwächstes Glied! Ein Federkiel-Steckholm ist nur so stark wie seine schwächsten Querschnitte an den Verbindungsstellen.

Um die optimale Festigkeit über die ganze Spannweite zu erreichen, nimmt man an der Flügelwurzel eine Feder, die von ihrer Spitze her stark gekürzt wurde und daher einen entsprechend starken Kielquerschnitt am Verbindungspunkt zur nächsten Feder hat. Zur Flügelspitze hin können allmählich länger werdende Federn mit kleineren Kielquerschnitten verwendet werden.

Die Festigkeit eines Federkiel-Steckholmes ist enorm. Eine Gruppe von Flugobjekten mit großen Spannweiten nannte ich daher „Enorm-Serie".

Hier einige Daten:

Typ	Profil	Spann-weite	Streckung	Gewicht	Tragender Kiel-Querschnitt
Enorm 55	CUZ	115 cm	1: 55	6,05 g	1,6 mm × 1,6 mm
Enorm 75	EZ	75 cm	1: 75	2,75 g	1,0 mm × 1,0 mm
Enorm 100	EZ	100 cm	1:100	3,75 g	1,0 mm × 1,0 mm

Federkiel-Steckverbindung, Federn Form B

Die Flügelwurzel-Feder

Zunächst wird, z. B. an einer Schwungfeder von ca. 190 mm Länge, der Federkiel von der Spule aus gekürzt, und zwar so weit, bis der mit weißem Stützmaterial gefüllte Schaft sichtbar wird. Der Abstand vom Spulenende bis dorthin beträgt etwa 50 mm. Dann reißt man auf etwa 5 mm Länge die Federfahnen beiderseits des Kieles ab und rauht das Kielende mit Sandpapier an. Die endgültige Länge der Feder richtet sich nach der geplanten Spannweite. Je größer diese ist, desto kleiner ist die Stückelung der dazu nötigen Federn. Bei einem aus insgesamt vier Federn bestehenden Tragflügel mit einer Spannweite von etwa 40 cm beträgt die Länge der Flügelwurzel-Federn ca. 80 mm, die Flügelspitzen-Federn sind ungefähr 120 mm lang.

Wurzelfeder-Länge 80 mm + 5 mm Federkiel-Steckzapfen ergeben 85 mm Federkiel-Länge. Dort wird der Kiel mit scharfem Messer durchgetrennt. Die Schere ist hierzu weniger geeignet, weil man mit ihr versehentlich auch die Federfahnen abtrennen könnte. Nun schneidet man mit dem scharfen Messer beiderseits des Kieles die Federfahnen auf etwa 5 mm Länge ab. Mit feinem Schmirgelpapier werden die Schnittstellen geglättet und der entstandene Steckzapfen angespitzt. Das im Kiel vorhandene weiße Stützmaterial drückt man an der Spitze etwas zusammen; sie läßt sich dann leichter in die vorbereitete Öffnung im Kielanfang der nächsten Feder einschieben.

Die künftigen Klebestellen werden sorgfältig angerauht. Man nimmt dazu am besten grobes Sandpapier, welches auf ein Stück Rundholz geklebt wurde. Man arbeitet damit in die gleiche Richtung, in welche die Federäste zeigen. Dadurch verhindert man, daß die mit dem Kiel bündigen Federfahnen beim Anrauhen beschädigt werden. Zum Schluß zieht man um das starke Ende der Wurzelfeder noch eine Hartklebermuffe.

Die Verlängerungsfeder

Auch bei dieser Feder wird zunächst der Kiel gekürzt bis zum Schaft. Je nach Art der Verbindung kann er dann mit der Sandpapierfeile einseitig oder beidseitig so abgeschrägt werden, daß er mit den Federästen parallel verläuft. In die Kielmitte wird mit dem Bohrdorn ein Loch zur Aufnahme des Steckzapfens der Wurzelfeder gestochen. Dann wird die Feder von der Spitze her auf das vorgesehene Maß gekürzt und mit einem Steckzapfen für die nächste Feder versehen. Zum Schluß werden die künftigen Klebestellen an den zwei Kielenden beidseitig angerauht. Anzahl und Größe der benötigten Verlängerungsfedern hängen von der vorgesehenen Tragflügel-Spannweite ab.

Die Flügelspitzenfeder

Diese Feder wird nur am starken Kielende gekürzt, mit der Sandpapierfeile abgeschrägt und mit einem Loch für den Steckzapfen der Wurzelfeder oder einer Verlängerungsfeder versehen. Die Klebestellen werden vorbereitet wie eingangs beschrieben.

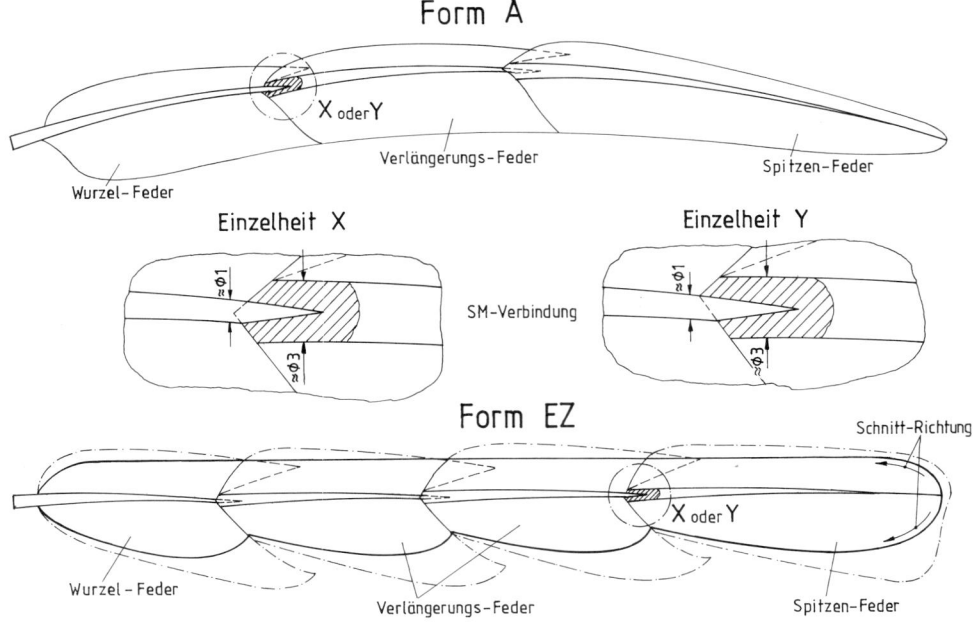

Der mehrteilige Tragflügel

Die Kiele von Schwung- und Deckfedern sind auf ihrer ganzen Länge fast gleichmäßig nach hinten gebogen. Steckt man mehrere von ihnen zu einem großen Tragflügel zusammen, so bekommt dieser eine stark nach hinten gebogene Form. Das kann bei großen Spannweiten zu Torsionsproblemen, speziell im Bereich der Flügelwurzel, führen. Man kann dies durch entsprechend starke Kielquerschnitte an den Verbindungsstellen und eine flachere Flügel-Grundform verhindern. Erreicht wird sie dadurch, daß man die Steckzapfen der einzelnen Federn etwas nach vorne biegt und die Löcher im Kiel der nächsten Feder etwas nach hinten einsticht. Hierdurch entsteht noch ein weiterer Vorteil: Der Winkel zwischen dem Federkiel und den Federästen ist am Kielanfang, bei der Spule, größer als an der Kielspitze. Steckt man nun zwei Federn zusammen, so haben die Federfahnen an ihrer Verbindungsstelle verschiedene Winkel. Dieses Manko wird durch die vorgenannten Maßnahmen ausgeglichen, und die Federfahnen beider Federn lassen sich einwandfrei mit ihrem natürlichen Klettverschluß verbinden. Auf vorgenannte Weise werden die breiteren, am Profilende liegenden Federfahnen gekuppelt. Die schmäleren Fahnen der Profilnase werden einfach überlappt und die Nahtstellen evtl. mit Kontaktkleber o. ä. fixiert.

Die Bearbeitung der Schwanzfedern erfolgt sinngemäß genau so. Ihre Kiele sind weniger stark gebogen und lassen sich auch durch leichte seitliche Einkerbungen ziemlich geraderichten, ohne wesentlich an Festigkeit zu verlieren. Aus mehreren Schwanzfedern kann man daher völlig gerade Tragflügel größerer Spannweite bauen.

Mehrteilige Tragflügel aus Taubenfedern, Profile von links nach rechts: B, EZ, BUZ, EZ (Teilansichten)

Aufbau und „Endmontage" eines mehrteiligen Tragflügels

1. Anfertigung von zwei gleichen Wurzelfedern (eine rechte, eine linke)
2. Anfertigung von einem Paar Verlängerungsfedern
3. Zusammenstecken der Verlängerungsfedern mit den Wurzelfedern
4. Anfertigung der nächsten Verlängerungsfedern usw., je nach Bedarf
5. Anfertigen und Aufstecken der Flügelspitzenfedern
6. Länge der beiden Tragflügel kontrollieren und evtl. angleichen
7. Grundform der beiden Tragflügel vergleichen. Tragflügel aus Schwung- oder Deckfedern sind immer nach hinten gebogen. Ob beide Tragflügel die gleiche Grundform haben, läßt sich so feststellen: Man legt sie spiegelbildlich aufeinander und vergleicht, oder die Umrisse einer Tragflügelhälfte werden auf Papier gezeichnet und die zweite Hälfte entsprechend gestaltet.
8. Kontrollieren, ob die einzelnen Federn in einer Ebene liegen. Ausnahme: Die Flügelspitzenfedern können etwas negativ eingestellt sein.
9. Wenn beide Tragflügelhälften einwandfrei und gleichmäßig ausgerichtet sind, dann werden alle Verbindungsstellen oben und unten mit Hartkleber fixiert. Nach geraumer Zeit, wenn der Kleber angezogen hat, kontrolliert man nochmal, ob alles paßt. Wenn nicht, dann kann man noch korrigieren. Ein zweiter Kleberauftrag an den Verbindungsstellen, und zwar speziell am eingesteckten, schwächeren Kiel, ist von Vorteil.

Helling für den Zusammenbau

Rumpf, Tragflügel und Leitwerke lassen sich am leichtesten auf einer kleinen Helling vereinen. Sie besteht aus einem Grundbrett und zwei Paar Holzstäbchen, zwischen denen der Rumpf eingeklemmt wird. Damit bei der Montage leicht zu erkennen ist, ob die zu verbindenden Teile rechtwinkelig zueinander liegen, teilt man die Brettfläche mit entsprechenden Linien in kleine Felder auf. Zur besseren Übersicht ist es von großem Vorteil, wenn man die beiderseits des festgeklemmten Rumpfes liegenden verschiedenen Felder mit Farb- und Formsymbolen spiegelbildlich kennzeichnet.

Material

1 Preßspanplatte o. ä., etwa 10 mm stark, ca. 320 mm × 240 mm groß.
4 Rundstäbchen ca. 3 mm stark und 60 mm lang.
2 Beilag-Scheiben, z. B. aus Teppichbodenrest o. ä., ca. 5 mm stark, innen 10 mm ⌀, außen 20 mm ⌀ (mit Locheisen ausstanzen oder kantig ausschneiden).
2 Beilagen 25 mm × 25 mm aus dünnem Filz, Stoff o. ä.
Diverse paarweise Holzklötzchen, z. B. 15 mm × 30 mm × 70 mm, 20 mm × 20 mm × 70 mm.

Anfertigung

1. Ein geeignetes Brett wird winkelgenau auf die Größe 320 mm × 240 mm zugeschnitten.
2. Die Länge des Brettes wird durch eine in der Mitte durchlaufende senkrechte Linie geteilt.
3. Entlang dieser Linie werden die Bohrungen zur Aufnahme der Stiftpaare vorgenommen. Sie liegen jeweils 70 mm vom Brettrand entfernt, ihr Abstand untereinander beträgt also 100 mm. Die Bohrungen der Einzelstifte haben, von Mitte zu Mitte gemessen, einen Abstand von 6 mm bis 7 mm. Wenn die Stifte eingesteckt werden, entsteht zwischen ihnen eine lichte Weite von etwa 3 mm.
4. Über jedes Stiftpaar wird eine Beilagscheibe gesteckt. Sie soll verhindern, daß der Rumpf direkt auf dem Brett liegt und evtl. anklebt.
5. Die Beilagen werden von unten U-förmig um den Grashalm des Rumpfes gelegt und sorgen dafür, daß der Rumpf fest zwischen den Stiftpaaren eingeklemmt werden kann.
6. Mit den Holzklötzchen werden Tragflügel und Leitwerk beim Verkleben in der richtigen Position gehalten.

Kapitel 3 Fliegen

Trimm-Abc

a) Gewichtstrimmung

Die richtige Schwerpunktlage wird bei einem Gleitflugmodell durch das Einstecken eines entsprechenden Gewichtes in die Rumpfspitze erreicht. Eine Stecknadel mit Glaskopf oder ein Nagel entsprechender Länge sind hierzu geeignet.

Beim Motorflugmodell wird der Rumpf in der Schiebehülse so weit nach vorne oder hinten verschoben, bis die richtige Schwerpunktlage erreicht ist. Zusätzlich kann, wenn nötig, im Propellerfeststeller ein Trimmgewicht deponiert werden.

b) Aerodynamische Trimmung

Die Wirkungen von Höhenleitwerk, Seitenleitwerk und Querruder können durch Verdrehung beeinflußt werden. Da ein Federkiel sehr drehsteif ist und zurückfedert, muß er entsprechend überdehnt werden, wenn eine dauerhafte Verformung erreicht werden soll.

Beim Motorflugmodell kann die Veränderung des Höhenleitwerk-Einstellwinkels mit dem Trimmschieber erfolgen.

c) Propellerzugtrimmung

Die Zugrichtung des Propellers kann durch entsprechendes Biegen des Propellerlagers den Bedürfnissen angepaßt werden.

Beispiele für einfache Konstruktionen

Allgemeines

Oft werde ich gefragt: „Wie lange brauchen Sie eigentlich, um dieses oder jenes Modell zu bauen?" Leider kann ich hierauf nie eine konkrete Auskunft geben, denn allein durch die Herstellung ist ein Flugobjekt noch nicht fertig, es muß vor allem auch einwandfrei fliegen. Bei meinen ersten federleichten Gummimotor-Modellen lag das Verhältnis zwischen Bauen und Einfliegen bei etwa 1:2. Einfache Modelle sind zwar schneller herzustellen, aber kleine Flugobjekte so zu „dressieren", daß sie auch fliegen, wie man sich das vorstellt, ist eine andere Sache. Es treten hier eine Menge von Kräften auf, und man bekommt sie nur in den Griff, wenn man sich intensiv mit den Problemen beschäftigt. Probieren, studieren, experimentieren mit Geduld und Ausdauer führen jedoch sicher zum Erfolg. Kleine, z. B. aus zwei Schwungfedern der Taube bestehende Tragflügel von etwa 270 mm Spannweite sind zwar einfach und schnell zu bauen, doch Motorflugobjekte mit verlängerten Tragflügeln und somit größerer Spannweite sind leichter einzufliegen.

Trotzdem möchte ich nachfolgend nur einige bautechnisch sehr einfache Konstruktionen beschreiben. Wer damit zurechtkommt, kann bestimmt auch „Größeres" nach eigenen Ideen verwirklichen.

A *Zweifedern-Nurflügel-Gleiter*

Die perfekte Konstruktion der Natur macht es möglich: Zwei Schwungfedern vom Taubenflügel „wie gewachsen", mit einem Stückchen Federkiel in der Mitte verbunden, können stabil fliegen! „Serienmäßig" eingeplant in diesen Naturtragflügel mit Turbulenzprofil sind bereits eine leichte Parabelform sowie eine Flügelschränkung von ca. 10°.

Diese zwei Punkte sorgen für die nötige Längsstabilität. Die ebenfalls naturgegebene geringe V-Form bringt ausreichende Querstabilität, und beide stabilisierenden Elemente zusammen geben, auch ohne Seitenleitwerk, dem Nurflügel genügend Richtungsstabilität.

Material

2 Federn Form A, 1 Federkieldübel, Hartkleber

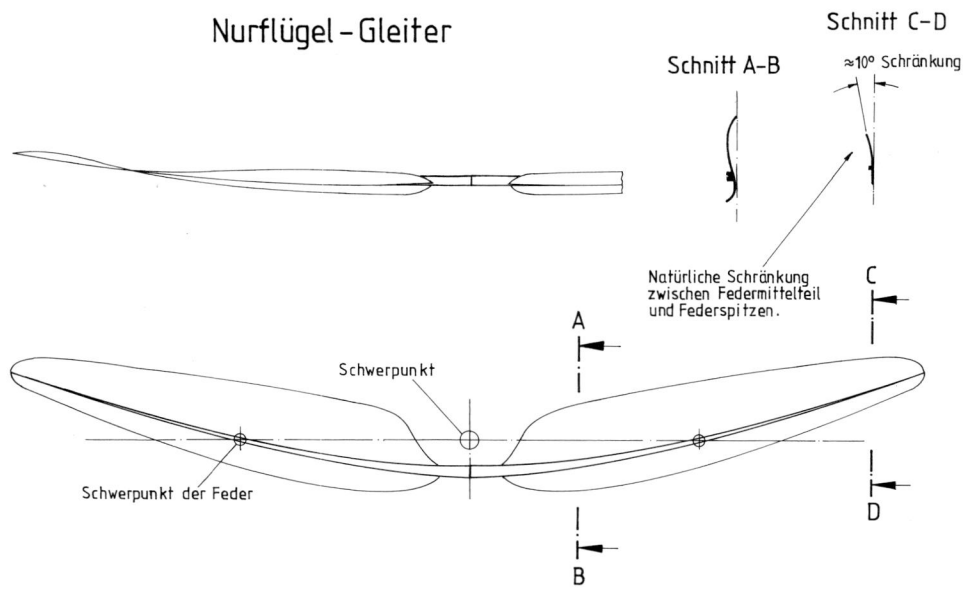

Anfertigung

Die Federkiele der beiden Federn werden an der Spule so weit gekürzt, bis der mit weißem Stützmaterial gefüllte Schaft sichtbar wird. Dann reißt man beiderseits der Schnittstelle die Federfahnen auf ca. 5 mm Länge ab, rauht den Schaft mit Sandpapier auf und ummantelt ihn mit einer Hartklebermuffe. Wenn der Kleber trocken ist, sticht man in jeden Federkiel ein waagrechtes Loch, verbindet beide Federn mit einem Kiel-Dübel und richtet sie genau aus. Bevor jedoch die Verbindungsstelle mit einer Hartklebermuffe fixiert wird, werden die ersten Probeflüge gestartet. Das Modell wird dabei sanft in die Luft geschoben.

Folgende Fehler können auftreten:

1. *Der Gleiter kippt nach unten weg.*
   Ursache: Der Schwerpunkt liegt zu weit vorne.
   Abhilfe: Größere Pfeilung des Tragflügels, dadurch wandert der Schwerpunkt nach hinten.
   Anmerkung: Auch ein zu langsam gestartetes Modell kippt nach unten weg.
2. *Der Gleiter bäumt sich vorne auf, fliegt wellenartig.*
   Ursache: Der Schwerpunkt liegt zu weit hinten.
   Abhilfe: Kleinere Pfeilung des Tragflügels, dadurch wandert der Schwerpunkt nach vorne.
   Anmerkung: Auch ein zu schnell gestartetes Modell bäumt sich auf.

3. *Der Gleiter fliegt nicht gerade.*
   Mögliche Ursachen: Die Tragflügel haben verschiedene Einstellwinkel. Die Tragflügel sind verschieden lang, verschieden breit oder verschieden geschränkt.
   Abhilfe: Durch gewissenhafte Prüfung den Fehler feststellen und beseitigen.

Hinweise:

Da beim Nurflügel der richtungsstabilisierende Windfahnen-Effekt des Seitenleitwerks fehlt, wirken sich verschieden große Einstellwinkel an den beiden Tragflügeln anders aus als am Normalmodell.

Beispiel Normalmodell:

Der *rechte Tragflügel* hat einen *größeren Einstellwinkel* als der linke.
Folge: Das Modell fliegt eine *Linkskurve.*

Beispiel Nurflügel:

Der *rechte Tragflügel* hat einen *größeren Einstellwinkel* als der linke.
Folge: Da dieser Tragflügel mehr Luftwiderstand hat als der linke, bleibt er zurück. Das Modell schiebt mit dem linken Flügel voraus und fliegt eine *Rechtskurve.*

Ein sorgfältig gebauter Nurflügel fliegt, wenn er mit viel Schwung gestartet wird, auch einen einwandfreien Looping!

B Hochdecker-Gleitflugmodell

Material

2 Federn Form A für den Tragflügel
3 Federn Form B für Höhen- und Seitenleitwerk
1 Federkiel 135 mm lang für den Rumpf
1 Federkiel 10 mm lang für den Baldachin
1 Nagel als Trimmgewicht
5 Federkiel-Dübel
Hartkleber

Anfertigung

Rumpf: An der Spitze, am Ende und dort, wo der Baldachin aufgesetzt wird, rauht man den Rumpf-Federkiel mit Sandpapier auf. Baldachin und Rumpf sowie Seitenleitwerk und Rumpf werden mit je einem Federkiel-Dübel zusammengefügt und die Verbindungsstellen mit Hartkleber fixiert.

Tragflügel: Er wird genauso hergestellt, wie unter A beschrieben, jedoch erhält er ca. 10°-V-Form.

Höhenleitwerk: Anfertigung sinngemäß wie beim Tragflügel, jedoch ohne V-Form.

Zusammenbau

Den fertigen Tragflügel durchbohrt man senkrecht in der Mitte und steckt ihn mit einem Federkiel-Dübel auf den Baldachin. Er wird genau quer zum Rumpf ausgerichtet und so weit gekippt, bis er den richtigen Einstellwinkel hat. Die Verbindungsstelle fixiert man mit Hartkleber. Das Höhenleitwerk wird stumpf, mit Einstellwinkel null, unmittelbar vor dem Seitenleitwerk auf den Rumpf (Leitwerksträger) geklebt. Zum Schluß überprüft man mit dem Meterstab, ob alles richtig im Winkel sitzt. Die Abstände zwischen den Flügelspitzen und dem Seitenleitwerk sowie zwischen den Flügelspitzen und dem Höhenleitwerks-Ende müssen rechts und links gleich groß sein. Am einfachsten ist der Zusammenbau auf einer Helling.

Einfliegen

Noch bevor der Kleber richtig hart ist, macht man die ersten Probeflüge, weil dann der Einstellwinkel, wenn nötig, noch problemlos korrigiert werden kann. Zunächst muß das Modell jedoch richtig getrimmt werden. Wenn der Schwerpunkt stimmt, wird gestartet. Man hält das Modell dabei leicht schräg nach unten und schiebt es gefühlvoll in die Luft. Der Startschub soll dabei möglichst der normalen Geschwindigkeit des Modells entsprechen. Das muß man üben! Ist der Start nämlich zu langsam, dann kippt das Modell nach vorne ab, ist er zu schnell, dann bäumt es auf. In beiden Fällen kann man nicht erkennen, ob das Modell den richtigen Einstellwinkel hat und der Schwerpunkt stimmt.

Ein einwandfrei getrimmtes Modell macht, wenn es richtig gestartet wurde, einen flachen Gleitflug.

Folgende Fehler können auftreten:

1. *Das Modell kippt nach unten weg.*
   Ursache: Der Einstellwinkel ist zu klein.
   Abhilfe: Einstellwinkel vergrößern durch Kippen des Tragflügels nach hinten.
2. *Das Modell bäumt auf, fliegt wellenartig.*
   Ursache: Der Einstellwinkel ist zu groß.
   Abhilfe: Einstellwinkel verkleinern durch Kippen des Tragflügels nach vorne.
3. *Das Modell fliegt nicht gerade.*
   Mögliche Ursachen: Die Tragflügel haben verschiedene Einstellwinkel. Die Tragflügel sind verschieden lang, verschieden breit oder verschieden geschränkt.
   Der Tragflügel sitzt nicht genau im Winkel auf dem Rumpf.
   Das Seitenleitwerk ist nicht gerade.
   Abhilfe: Durch gewissenhafte Prüfung den Fehler feststellen und beseitigen.

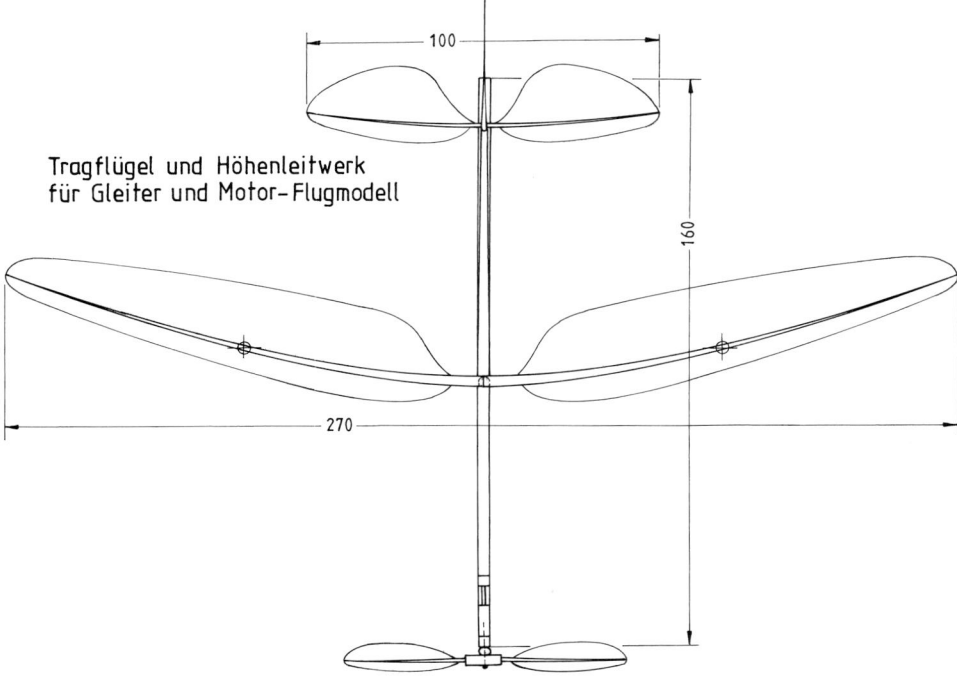

Tragflügel und Höhenleitwerk für Gleiter und Motor-Flugmodell

Vorderansicht vom Gleiter und Motor-Flugmodell (V-Form)

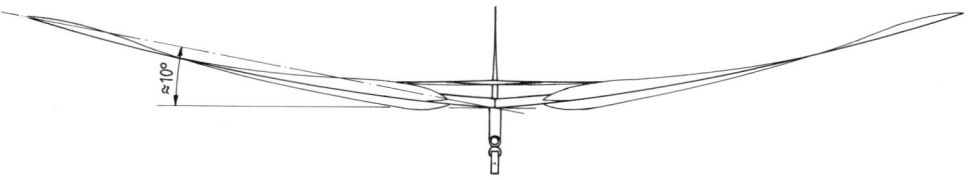

Gleiter-Rumpf

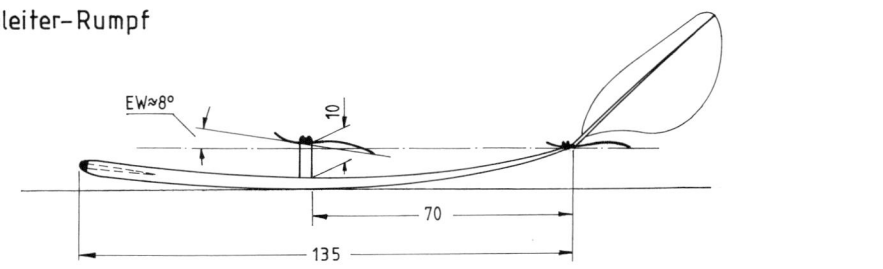

Trimm-Nadel in der Rumpfspitze

Motor-Flugmodell-Rumpf

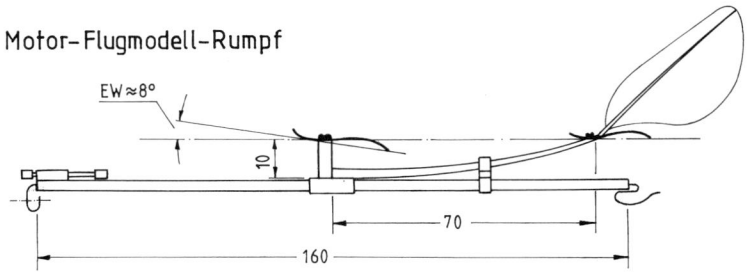

C Hochdecker-Gummimotor-Flugmodell

Material

2 Federn Form A für den Tragflügel
3 Federn Form B für Höhen- und Seitenleitwerk
1 Federkiel 10 mm lang für den Baldachin
1 kompl. Rumpf Nr. I
1 Propeller Nr. VI
1 Gummimotor 1 mm × 1 mm, 150 mm lang
4 Federkiel-Dübel
Hartkleber

Anfertigung

Rumpf: Der Baldachin wird stumpf vor dem Leitwerksträger senkrecht auf die Schiebebüchse des Rumpfes geklebt. Seitenleitwerk und Leitwerksträger verbindet man mit einem Federkiel-Dübel sowie einer Hartklebermuffe.

Tragflügel und Höhenleitwerk: Anfertigung sinngemäß wie unter A und B beschrieben.

Zusammenbau: Dieser erfolgt genauso wie unter B angegeben.

Einfliegen

Zunächst muß das Modell richtig getrimmt werden. Die Trimmung geschieht durch Verschieben des Rumpfes in der Schiebebüchse. Wenn der Gleitflug einwandfrei ist, wird der Rumpf an der Schiebebüchse etwas angerauht und beide Teile mit Hartkleber verbunden. Ist der Kleber trocken, dann kann man den ersten Motorflug probieren.

Wenn keine Aufziehvorrichtung zur Verfügung steht, muß der Propeller mit dem Zeigefinger gedreht werden, was etwas mühsam und zeitraubend ist. Ist jedoch ein Aufziehgerät vorhanden, dann geht man so vor:

1. Zwischen Daumen und Zeigefinger der linken Hand hält man das Propellerlager fest.
2. Mit der rechten Hand nimmt man die Schlaufe des Gummimotors vom Endhaken und hängt sie in den Haken der Aufziehvorrichtung.
3. Dann wird der Gummi auf etwa zwei- bis dreifache Länge ausgedehnt und langsam mit dem Aufziehgerät verdreht. Während des Aufziehvorganges nähert man sich allmählich dem Endhaken am Modell so, daß der Gummi beim Einhängen wieder seine normale Länge hat.

Nun kann mit ganz leichtem Anschub gestartet werden. Durch den laufenden Propeller treten Kräfte auf, die zu verschiedenen Problemen führen können. Sie werden meistens durch Änderung der Zugrichtung gelöst. Im Grunde ist das alles sehr einfach und logisch, doch die „Dosis" ist hierbei der entscheidende Punkt. Da es sich oft nur um ganz geringe Korrekturen handelt, ist viel Fingerspitzengefühl bei jeder Änderung nötig. Auch hier gilt: Größere Flugobjekte haben zwar eine längere Bauzeit, sind aber leichter einzufliegen als kleine.

Eine falsche Propellerzugrichtung kann folgende Probleme schaffen:

1. *Modell überzieht*
   Abhilfe: Zugrichtung nach unten verändern

2. *Modell kippt nach unten*
   Abhilfe: Zugrichtung nach oben verändern

3. *Modell kippt nach links*
   Abhilfe: Zugrichtung nach rechts verändern

4. *Modell kippt nach rechts*
   Abhilfe: Zugrichtung nach links verändern.

Alles ist eigentlich sehr logisch, aber, wie bereits gesagt, die Dosis macht's. Wissen, Feingefühl, Geduld und Ausdauer sind nötig und bringen schließlich auch Erfolg.

Unter „Flugzeugschlepp" ist nachstehend noch ausführlich beschrieben, wie man evtl. weitere Schwierigkeiten in den Griff bekommen kann.

Alle Ratschläge können jedoch nur dann zum Ziel führen, wenn die beteiligten Flugobjekte fachgerecht gebaut und sorgfältig im Gleitflug eingeflogen wurden.

Startarten – Kunstflüge

Richtig starten und sanft landen ist das A und O beim Fliegen. Während in der großen Fliegerei oder beim herkömmlichen Flugmodellbau Fehler bei diesen beiden Manövern die Hauptursachen für Schäden aller Art sind, bleiben die „Federleichten" in dieser Hinsicht so gut wie immun. Dank außergewöhnlicher, natürlicher Elastizität, gepaart mit wenig Masse, sind sie weitgehend absturzfest. Selbst Frontalzusammenstöße verkraften sie meist unbeschadet.

Starten von Gleitern und Seglern

Normal
Modell mit leicht nach unten geneigter Nase gefühlvoll in die Luft schieben. Die Rumpfneigung beim Start soll der normalen Gleitbahn des Modells entsprechen, der Startschub der normalen Fluggeschwindigkeit. Ein federleichtes Flugobjekt fliegt langsam und braucht daher nur wenig Startschub.

Wendekurve
Hier muß mit kräftigem Schwung gestartet werden, damit die Energie reicht. Man hält das Modell dabei in etwa 45° Schräglage, Nase ca. 30° nach oben gerichtet. Bei richtiger Handhabung fliegt das Modell nach dem Start wieder zurück. Übung macht den Meister!

Looping
Das waagrecht gehaltene Modell in ebener Richtung kraftvoll in die Luft werfen.
Anmerkung: Wenn Wendekurve und Looping trotz richtigem Start mißlingen, dann ist vermutlich der Einstellwinkel des Modells zu klein.

Starten von Motorflugobjekten

Normaltypen und Tandem mit Zugmotor

Handstart einfach
Man startet mit einem der normalen Fluggeschwindigkeit entsprechenden Schub und leichter Schräglage in Kurvenrichtung.

Kontrastart
Mit kräftigem Schwung und großer Schräglage entgegen der normalen Kreisrichtung wird gestartet.

Fallstart
Waagrecht oder auch entgegen der normalen Kreisrichtung schrägliegend wird mit kräftigem Schub nach unten gestartet.

Stabstart
Motor aufziehen, mit dem Propellerfeststeller sichern und das Modell auf einen Tisch legen. Dann, kurz hinter dem Propeller, quer über den Rumpf einen dünnen Holzstab legen und den Propeller „entsichern". Hebt man den Holzstab hoch, fliegt das Modell weg.
Anmerkung: Modelle für Stabstart müssen sehr querstabil sein, damit sie beim Start nicht abkippen.

Entenformen und Nurflügel mit Schubmotor

Handstart, einfach
Bei allen Modellen mit Schubmotor ist es besonders wichtig, den Startschub so zu dosieren, daß er der Normalgeschwindigkeit sehr nahe kommt.

Kontrastart
Wie bei Normaltypen.

Fallstart
Wie bei Normaltypen.

Stabstart

Bei Schubmotor nicht möglich.

Je nach Konstruktion vollführen die „Federleichten" beim Kontra- oder Fallstart die seltsamsten Flugmanöver. Spielen, probieren, experimentieren – es kann viel Spaß machen und ist sehr lehrreich.

Die Zuschauer sind immer verblüfft und begeistert, wenn auf Ausstellungen, bei Vorträgen oder im Fernsehen die „Federleichten" starten. Das z. Zt. aktuelle Flugschau-Programm enthält u. a.:

Massenstart (Stabstart mit bis zu 20 Flugobjekten)
Kontraflug (mehrere Objekte kurven gegeneinander)
Looping und Rolle
Kreiswechselflug
Ballonstechen
Flugzeugschlepp.

Flugzeugschlepp

Erfahrung, Geduld und Ausdauer sind nötig, wenn man einen einwandfrei funktionierenden Schleppzug mit automatisch ausklinkendem Segler in die Luft bringen will. Voraussetzung hierfür sind in erster Linie Fluggeräte, welche speziell für diesen Zweck geeignet sind. Schlepper und Segler sind genau aufeinander abzustimmen, und besonders wichtig ist dabei die optimale Feintrimmung des Schleppmodells. Alle drei Möglichkeiten der Flugbeeinflussung, Gewichts-, Aerodynamik- und Propellerzug-Trimmung, müssen harmonisch in Einklang gebracht werden. Durch entsprechende Versuche ist festzustellen, welche Kupplungsart und welcher Kupplungspunkt am besten geeignet sind, den passenden Segler problemlos hochzubringen. Entscheidend für den Erfolg ist auch das richtige Größenverhältnis zwischen Schlepper und Segler. Es beträgt etwa 3:1. Ein Schlepp-Modell mit z. B. 150 cm^2 Flächeninhalt kann einen Segler mit ca. 50 cm^2 Flächeninhalt hochschleppen.

Konstruktions-Merkmale für Schlepper

Flugeigenschaften: Guter Langsam- und Steigflug, stabile Kurvenlage

Größe: Die Mindestspannweite sollte ca. 250 mm betragen. Bei kleineren Modellen wird alles komplizierter, bei größeren einfacher.

Typen: Besonders gut geeignet sind Doppeldecker. Bei Tief-, Schulter- und Hochdeckern sollten die Tragflügel als Spaltflügel ausgeführt oder mit Vorflügel versehen werden.

Profile: Alle Arten Federprofile und Profil-Kombinationen sind geeignet.

Einstellwinkel: Er kann etwa 3 bis 15° betragen.

Propellerfeststeller: Automatik-Feststeller (lose laufend) Teil 7

Höhenleitwerks-Trimmung: Trimmschieber Teil 4

Propeller: Größe ca. ⅓ Spannweite, breite Blätter, kleine Schränkung nach Abb. VII oder IX

Schleppkupplung: Teile 8 bis 8c. Je nach Angriffspunkt am Schlepp-Modell wirken die Kupplungen verschieden auf den Schleppvorgang ein.

Art der Schleppkupplungen		Einfluß auf den Schleppzug
H	= Heck-Kupplung	große Kreise, richtungsstabilisierend
SK	= Schwerpunkt-Kupplung	kein besonderer Einfluß auf den Kreisflug
SKO	= wie SK, jedoch oberhalb Schwerpunkt	enge Kreise (Hebelkraft nach oben)
SKU	= wie SK, jedoch unterhalb Schwerpunkt	weite Kreise (Hebelkraft nach unten)
T	= Testkupplung	durch Einstechen an verschiedenen Stellen kann damit der günstigste Kupplungspunkt gefunden werden.

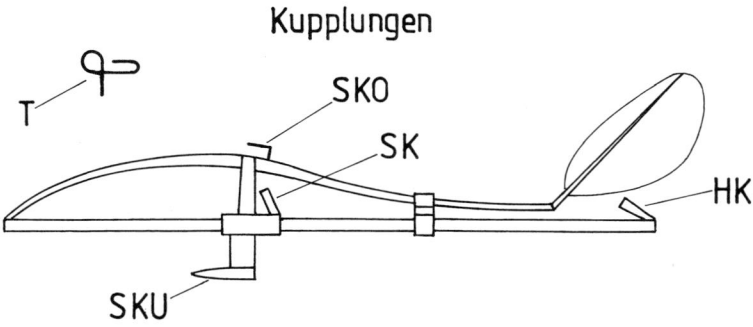

Flugstabilität

Roll- und Kreisrichtung des Flugmodells bestimmen, wieviel Längs-, Quer- und Richtungsstabilität nötig sind. Es gibt zwei völlig verschiedene Arten von Schlepp-Flugmodellen, in Rollrichtung und entgegen der Rollrichtung kreisende. Während für die erste Art viel Stabilität um alle drei Achsen für einen einwandfreien Kurvenflug unerläßlich ist, kann der Kreisflug bei der anderen Art von Schleppern dadurch behindert werden.

Beispiel a):
Propeller dreht – vom Schwerpunkt aus gesehen – rechts, Rollrichtung links, Kreisrichtung links

Durch den rechtsdrehenden Propeller entsteht eine entgegengesetzte, um die Rumpflängsachse nach links wirkende Kraft, das sogenannte Rollmoment, welche das Flugmodell in eine bestimmte Schräglage nach links „rollt". Je größer der Propeller oder je stärker der Gummimotor, desto größer die Schräglage und um so geringer das Steigen. Das evtl. Abkippen des Flugmodells über den in der Kurve liegenden linken Tragflügel kann durch folgende Maßnahmen verhindert werden:

Längsstabilität: Tragflügel mit leichter Pfeilform

Querstabilität: Tragflügel mit genügend V-Form

Richtungsstabilität: Großes Seitenleitwerk, evtl. kleine Seitenfläche vor dem Schwerpunkt

Propeller-Zugrichtung: Leicht nach rechts, entgegen Kurvenrichtung

Tragflügel: Linke Seite evtl. etwas größer als rechte Seite

Höhenruder: Linke Hälfte, etwas größerer Einstellwinkel als rechts (Querruder-Effekt)

Querruder: Hinterkanten der Tragflügelspitzen links leicht nach unten und rechts leicht nach oben verwinden

Seitenruder: Leicht rechts, entgegen der Kurvenrichtung, verdrehen.

Beispiel b):

Propeller dreht – vom Schwerpunkt aus gesehen – rechts, Rollrichtung links, Kreisrichtung rechts

Hier kann das entgegen der Kreisrichtung wirkende Rollmoment zum Problem werden. Großer Propellerdurchmesser oder zu starker Gummimotor erhöhen das Rollmoment und können dadurch den Kreisflug stören. Ein stabiler Kurvenflug kann durch folgende Maßnahmen erreicht werden:

Längsstabilität: Tragflügel gerade, keine Pfeilform

Querstabilität: Tragflügel mit geringer V-Form

Richtungsstabilität: Großes Seitenleitwerk, keine Seitenflächen vor dem Schwerpunkt

Propeller-Zugrichtung: Nach rechts, in Kurvenrichtung versetzt

Tragflügel: Linke Seite evtl. etwas größer als rechte Seite

Höhenruder: Linke Hälfte etwas größerer Einstellwinkel als rechts (Querruder-Effekt)

Querruder: Hinterkanten der Tragflügelspitzen links leicht nach unten und rechts leicht nach oben verwinden

Seitenruder: Mäßig nach rechts, in Kurvenrichtung, verdrehen.

Modelle nach Beispiel b haben beim Kreisflug eine geringe Schräglage und steigen dadurch sehr gut.

Konstruktions-Merkmale für Schlepp-Segler

Größe: Spannweite ca. 70 bis 100% der Schlepper-Spannweite. Flächeninhalt ca. ⅓ so groß wie beim Schleppmodell.

Typen: Am besten geeignet sind Mitteldecker und Schulterdecker.

Profile: Das Profil des Seglers sollte die gleichen Eigenschaften wie das Profil des Schleppers haben, damit der Schleppzug gleichmäßig „in sich" steigt. Der Segler muß im Gleitflug etwas schneller als der Schlepper sein, wenn er, nach Beendigung des Motorfluges, automatisch ausklinken soll.

Einstellwinkel: Er sollte maximal etwa 3° betragen. Beim Einfliegen kann man leicht feststellen, ob der Einstellwinkel stimmt. Zunächst wird das Modell richtig getrimmt und normal gestartet. Wenn der Gleitflug in Ordnung ist, dann startet man den Segler mit viel Schwung. Bei kleinem Einstellwinkel zeigt die Flugbahn in flachem Bogen nach oben. Zieht der Segler jedoch steil hoch, so ist der Einstellwinkel zu groß.

Schleppkupplung: Sie sitzt ganz vorne am Bug und zeigt nach oben. Wenn der Segler von selbst ausklinken soll, darf sie nur ca. 1 mm hoch sein.

Schleppsegler aus Taubenfedern, Profil BUZ

Schleppsegler-Nase mit Schleppkupplung und Glaskopf-Stecknadel als Trimmgewicht

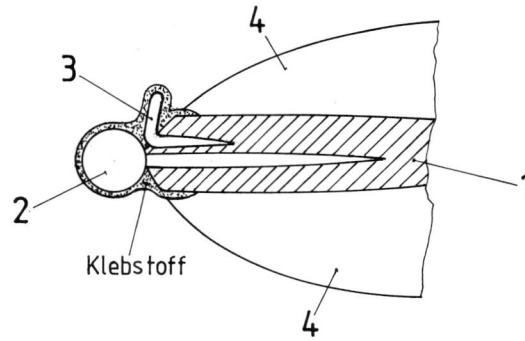

Schleppseglernase
1 Federkiel
2 Stecknadel mit Glaskopf
3 Kupplungshaken
4 Federfahnen

Flugstabilität

Längsstabilität: Flächeninhalt des Höhenleitwerks ca. ⅓ bis ⅕ des Tragflügelinhaltes, Abstand Tragflügel – Höhenleitwerk, von Federkiel zu Federkiel gemessen, das 2,5- bis 3fache der mittleren Tragflügeltiefe.

Querstabilität: Wenig V-Form. Segler mit viel V-Form, mit V-Leitwerk und mit hochliegendem Höhenleitwerk neigen zum Pendeln beim Schleppflug, ebenso Hochdecker.

Richtungsstabilität: Wenn sie zu groß ist, kann der Kreisflug beim Schleppen negativ beeinflußt werden. Von der gesamten Rumpf-Seitenfläche inkl. Seitenleitwerk sollten mindestens ⅔ hinter und nur ⅓ vor dem Schwerpunkt liegen.

Schlepp-Seile

Die Länge der „Schlepp-Seile" richtet sich nach dem Kupplungspunkt. Normalerweise ragt der hierzu verwendete Faden ca. 200 mm über das Rumpfende hinaus. Durch verschiedene Fadenlängen kann der Kreisflug beeinflußt werden.

Kurzes Seil = kleine Kreise, langes Seil = große Kreise.

Anfertigung von Schleppseilen

Ein Stück Faden entsprechender Länge wird an beiden Enden mit etwa 1 cm langen Schlaufen versehen. Damit diese ihre Form behalten, werden sie mit Ponal o. ä. verfestigt. Damit das Seil leichter zu erkennen ist, versieht man es mit einigen aufgeklebten Markierungspunkten, am besten in den Farben Gelb-Schwarz.

Probleme beim Schleppflug

Nachfolgende Hinweise sind nur von Nutzen, wenn die beteiligten Flugobjekte einwandfrei gebaut und gut eingeflogen wurden.

Kreisflug gestört (Schleppzug schiebt)	
Mögliche Ursachen	*Abhilfe*
Schlepper ist zu querstabil	Querruder-Ausschlag in Kreisrichtung
Segler ist zu richtungsstabil	Segler mit wenig Seitenfläche vor dem Schwerpunkt
Kupplung am Heck und langes Seil wirken richtungsstabilisierend	Schwerpunkt-Kupplung oder kurzes Seil

Schlepper kippt nach vorne ab	
Mögliche Ursachen	*Abhilfe*
Schlepper Trimmung falsch	Schwanzlastig trimmen (ziehen)
Kupplung SKU (Hebelkraft nach unten)	Kupplungen H, SK, SKO
Segler Einstellwinkel zu groß	Beim Segler: Höhenleitwerk „drücken", Ballast entsprechend reduzieren und neu einfliegen.
Segler Profil zu „langsam", zu stark gewölbt, zu breit	Segler mit „schnellerem" flacherem, schmälerem Profil
Schleppseil verläuft bei SK-Kupplungen unterhalb des Höhenleitwerks und hebt es hoch	Schleppseil über das Höhenleitwerk führen

Schlepper bäumt sich vorne auf	
Mögliche Ursachen	*Abhilfe*
Schlepper Trimmung falsch	Kopflastig trimmen (drücken)
Kupplung SKO (Hebelkraft nach oben)	Kupplungen H, SK, SKU
Segler Profil zu „schnell", zu flach, zu schmal	Segler mit „langsamem", stärker gewölbtem, breiterem Profil
Segler ist zu groß, zu schwer	Kleineren, leichteren Segler
Schleppseil verläuft bei SK-Kupplungen oberhalb des Höhenleitwerks und drückt es nach unten	Schleppseil unter das Höhenleitwerk legen

Schlußpunkt

Nun, das war's!

Der Höhepunkt, das Kapitel „Flugzeugschlepp", ist auch gleichzeitig der Schlußpunkt meiner Aufzeichnungen. Sie gelangen in dieser Form nur, weil mich viele dabei unterstützten.

Da sind zunächst die treuen Fans, die mich beharrlich dazu anhielten, endlich ein Buch über die „Federleichten" zu schreiben.

Meine Hauptstützen aber waren:

Meine Frau Erika; sie machte aus meinem handschriftlichen ein Reinschrift-Manuskript.

Mein Segelfliegerkamerad Gerd; er formte meine Skizzen in fachgerechte Zeichnungen um.

Weitere gute Freunde trugen mit Fotos zum Gelingen der Sache bei.

Ihnen allen: Herzlichen Dank!

Hermann Holzhauser

Abkürzungen:

Flugwerk:

TF	=	Tragflügel
LW	=	Leitwerk
HLW	=	Höhenleitwerk
SLW	=	Seitenleitwerk

Verbindungs-Technik:

M	=	Muffenverbindung
DM	=	Dübel-Muffenverbindung
SM	=	Steck-Muffenverbindung

Trimmung:

N	=	normal
KL	=	kopflastig
SL	=	schwanzlastig

Schlepp-Kupplungen:

T	=	Testkupplung
HK	=	Heck-Kupplung
SK	=	Schwerpunkt-Kupplung
SKO	=	Schwerpunkt-Kupplung, oben
SKU	=	Schwerpunkt-Kupplung, unten

Allgemeines:

S	=	Schwerpunkt
EW	=	Einstellwinkel
EWD	=	Einstellwinkel-Differenz